流れゆくままに

渡哲也

青志社

家族でピクニックに
訪れたビーチから
はるかなる海を望む。
風が走る――
漢《おとこ》二人には
言葉はいらない。

左⊙石原裕次郎　右⊙渡哲也
昭和五十八（一九八三）年一月　ハワイ・ホノルル

流れゆくままに

渡哲也

渡哲也　流れゆくままに　目次

第一章 石原プロ 9

人生……10
俳優……13
ありのままの結婚……18
日活との訣別……25
石原プロが倒産の危機……30
裕次郎の涙……35
撮影中に倒れる……37
わが子の命……41
父の死……44

第二章 青春の彷徨 53

淡路島岩屋……54
母、雅子……59
明治男の一徹さ……62
「道彦、死ぬんじゃないぞ!」……65
兄、そして弟の死……69
三田学園……72
上級生の鉄拳……75
不良の日々……78
父の手紙……81
浪人、そして青山学院大学へ……86
「東京で一緒に暮らそう」……88
妻、俊子との出会い……91

第三章 日活

第三章 日活……99

日活という「人生の分岐器《ポイント》」……100
大食堂でスカウト……103
「俳優なんかやっていられるか！」……109
石原裕次郎との邂逅……112
ピンクのスーツ……117
吉永小百合さん……125

第四章 運命

第四章 運命……133

「くちなしの花」……134
「勝海舟」を降板……143
九カ月におよぶ入院……147
「紅白」に初出場……155
東大病院へ緊急入院……158
病気を誘発する「自家中毒」……165
「死」というもの……169

第五章
裕次郎に殉じる―― 173

「俳優渡哲也」の苦悩……174
裕次郎、倒れる……183
石原裕次郎を、この手で殺す……189
回復に向けて……192
「哲よ、美味しい酒を飲みたいよ」……198
社長業を引き受ける……209

第六章
壮絶なる日々―― 215

腸のポリープ……216
俺は、がんなのか……220
息子の涙……228
全摘出と部分切除の葛藤……232
手術直前の〝直訴〟……237
石原裕次郎記念館……246
洗腸の苦闘……250
ストマをつけた生活……252
母の死……256
阪神・淡路大震災……262
大病後の初舞台……266
新たながんが見つかる……270

第七章 勇退

275

舘ひろしの結婚……276
小児がん制圧に向けて……281
「西部警察」の復活へ……284
ロケでの事故……285
二十三回忌法要……292
渡哲也社長勇退 小林正彦専務勇退……296

付記……304
青志社社長 阿蘇品 蔵

特別寄稿……312
側近が語った「渡哲也さん最後の日々」
石原プロモーション専務 浅野謙治郎

装丁・本文デザイン　岩瀬聡

第一章

石原プロ

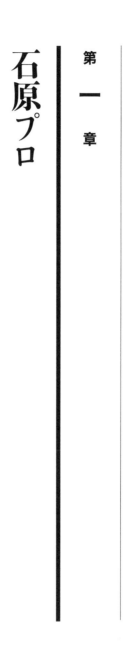

人生

直腸がんの手術から振り返ってみますと、二十数年以上も経つのですが、もう大丈夫だという保証などどこにもありません。

ですから病気の後だから身体に良いことをしようとか、気をつけようとか、ということはせず、お酒も適当にやるし、タバコも適当にやりました。大好きなコーヒーは、朝起きたら必ずブラックで一杯飲みますし、多いときには一日、十五杯くらいいただいていました。

がんを宣告されたときには自分の未来についていろんなことを想定し、深く悩みました。人の命とか、人間の有りようとか、また家族のことや、あるいは石原プロ社員のことなどが心を占めたのです。

結局、そういうことを考えても、何も結論が出なくて、自問自答の果てに得たのが、結局人生は、なるようにしかならず、どこか天命というものに従わざるを得ないところがあるのでは、ということでした。

自分の病気、これも天命なのかなと。天命なら天命で、あれこれ考えたってしょうがないし、ただ前へ進むしかありません。

「なるようにしかならない」と言うのは自然の流れに逆らわず、よけいな執着心は持たないということで、決して諦めであったり、「どうにでもなれ」といった投げやりな気持ちではありません。

健康に注意したからといって、病気を防ぐことは出来ません。それは、「運命」に近いものだと思います。

だから、ただ長く生きることよりも、短くてもいい、後悔のない生き方を大切にしたいと考えてきました。

もともとの自分の性格もあるのですが、何回もの入院生活で人の命の儚《はかな》さ、脆《もろ》さといったものを目の当たりにしてきたせいもあって、人間、一生懸命努力したりしても、なかなか思い通りにはいきません。それを幾度の病気の経験から強く思うようになりました。

だから、病気をしてこんなことを言うのは、本当に恥ずかしいのですが、自分に合う生き方、自分に納得できる生き方を、「自分らしい」と信じて、そういったものを晒《さら》しながらこれから生きていくのではないでしょうか。それが人間なのではないでしょうか。

歳のせいなのかな、一人で酒を飲んだりしていると、女房とここまで来た生活をふと考えてしまうときがあります。

出会って一緒になって子供が出来て、この歳になっていずれ私の方が先に逝くのでしょうが、そのとき、そのときどきの瞬間を振り返ったりするのが、妙に懐かしく楽しかったりするのです。やっぱり歳なのですかね。

例えば子供が生まれたことであったり、子供が入学したことであったり、あるいは私が最初に病気になったことであったり、あるいは女房とヨーロッパへ行ったことであったり、亡くなった弟の恒彦のことであったり、裕次郎さんとのことであったりするのです。

大体こういうふうに感傷的になるってのは、あんまり良くないですね。

そんなことを思いながら、こうも考えるのです。なろうと思ってなったわけではない俳優という仕事、努力をしなかったわけではないし、また必死になってやったわけでもありません。

運は振り向いてくれましたけど、病魔には容赦なく襲われました。

そして、どうあがいても、その災いが立ち去ってくれるのをじっと待つしかないと悟ったのです。

自分の人生を振り返るとそんな思いが湧いてくるのです――。

裕次郎さんの病気以後、口べタだった私は、コメントを求められていろいろ話す機会が多くなりました。昔は本当に無口でした。

男は寡黙がいいとか、無口がいいというのは若いときだけで、ある程度の年齢になったら、置かれた立場によって話さなくてはいけない場合や場面が多くなってくるのです。ましてや社長業を引き受けてからは、なおさらです。決して慣れることはありませんでしたが、これは私の務めだと承知して、応えるようにしました。

日活の話から始めましょうか。

俳優

私が映画デビューした昭和四十年の春、娯楽の王者はすでにテレビに変わっていました。とはいえ、映画スターの華やかさはテレビとはまた別の輝きを放っていました。日活映画恒例のお正月の晴れ着撮影会では、売れっ子スターが一堂に会するという、ただそれだけのことに芸能マスコミは大騒ぎでした。

映画にとってはまだまだ良い時代でした。

デビュー翌年の昭和四十一年、吉永小百合さんと共演した十三作目の『愛と死の記録』で第十七回ブルーリボン賞新人賞を受賞しました。こんな自分でも映画俳優が続けていけるかもしれないと前途にかすかな希望を持った私ですが、現実は甘くはありませんでした。

続く十四作、十五作、十六作とコケ、十七作目の『嵐を呼ぶ男』で何とか好成績を収めましたが、その後も興行的に低迷します。ここに至って、日活内部でも「第二の裕次郎」というデビュー以来の路線が間違っているのではないか、という声があがりました。

日活は『嵐を呼ぶ男』でメガフォンを取った舛田利雄監督に、私のイメージチェンジ戦略を依頼したのです。こうして完成するのが、二十五作目——四十二年十月公開の『紅の流れ星』でした。

この作品で、私のイメージはガラリと変わりました。これまで善良でカッコいいヒーローであった「第二の裕次郎」が一転、非情な殺し屋になります。

東京から神戸に流れ、気の向くままに人を殺し、手当たり次第に女性に手を出し、最後は警官に撃たれて死ぬのですから百八十度の〝変身〟でした。相手役は浅丘ルリ子さん。二年前、浅丘さんの相手役公募のオーディションを受けたのが映画界入りのきっかけですから、そういう意味でも感慨深いものがありました。興行成績ではいまひとつでしたが、生活感というか、生身の人間を感じさせる役柄で、私が気に入っている作品の一つでもあるのです。

❖昭和43年4月28日封切りの『大幹部・無頼』は『無頼より・大幹部』のヒットに続いて大ヒット。日活映画での代表作の一本となった。

❖『紅の流れ星』では舛田利雄監督によって、徹底的に演技指導をされた。この作品によって渡哲也は一躍、日活アクションスターの座をつかんだ。

スケジュールが非常にタイトで、十五日くらいで撮ったのですが、舛田監督が野放図にやらせてくれて非常に楽しかった記憶があります。

「渡君は、会社側の方針もあったからなんでしょうが、あまりにもいい子になり過ぎていた。これからの彼は不良性とクールなセンスを強く打ち出していくべきだと思いました」

舛田監督は、そんなふうにおっしゃってくださいました。『紅の流れ星』でイメージチェンジした私は、続けて舛田監督で撮った『無頼より・大幹部』のヒットで、

（これでようやく、俳優として飯が食っていけるな）

と思ったことを覚えています。

それにしても、舛田監督は怖かった。「やれ！」と言われて芝居ができないと、「撮影所三周、走ってこい！」と命じられます。「なんで、これができないんだ！」と怒鳴りつけられるや、張り飛ばされたこともあります。舛田監督は私にとって〝育ての親〟ですから、走って来いと命じられれば走りますし、ビンタを食らっても従います。

監督の愛情だとわかっていました。

そんな経験もあってのことでしょう。私ごときが俳優論を語るのはおこがましいことですが、俳優は素材のひとつだと思っています。自分が役を創っていくのではなく、監督の狙いどおり、

いかに忠実に演技して見せるかが俳優の役目だと考えます。

その点――たとえば弟の渡瀬恒彦はまるっきり違います。初日の前夜は、「ああやろう、こうやろう」といろいろ考えているうちに興奮してきて、寝られなくなると言います。

恒彦がテレビドラマ「白昼の死角」に出演したときは、血を吐きながらセリフをしゃべって死ぬシーンに備えて、撮影の一日半前から絶食してトマトジュースばっかり飲んでいたといいます。

トマトジュースを血に見立てて、飲んでは吐き、吐いては飲んでセリフをしゃべり、役作りをする。

恒彦のこだわりは、私には真似ができないどころか、そんなことは考えもつかないことでした。

『無頼より・大幹部』から始まり、小沢啓一、江崎実生監督でシリーズ化された『無頼シリーズ』で私は「人斬り五郎」――黒ジャンパーを着た一匹狼の若いヤクザが憤怒のドスをふるう役を演じて、ヒットします。

さらに澤田幸弘監督の『斬り込み』、藤田敏八監督の『新宿アウトロー・ぶっ飛ばせ』、小澤啓一監督の『関東流れ者』などに出演し、アクション俳優として一定の立場を得ていくのですが、私の場合は――いや人間は誰でもそうだと思うのですが、「もしも、あのとき」という偶然が積み重なって、人生は思いもよらない方角へ転がっていくもののようです。

イメージチェンジのきっかけとなった『紅の流れ星』は、実は石原裕次郎さんの出演ローテーションに入っていたものでした。

裕次郎さんが契約の問題で日活と話し合いを続けていたため、急遽、私に回ってきたのです。あの作品を私が演じることがなければ、その後のヒット作が生まれたかどうか。永遠に解答のない人生の「もしも」です。

ありのままの結婚

当時、私は青山学院大学の同級生である石川俊子と交際していました。日活も彼女のことを承知していました。

しかし、多少とも人気が出始めて、ファンレターが届くようになると、それにつれて、日活は俊子の存在に神経をとがらせていきました。当時の芸能界は、結婚は商売上タブーとされていました。そこで日活は、俊子を渡哲也の〝親類〟ということにしたのです。

一方、私にしてみても、遊びが次第におもしろくなっていました。二十四、五の若造です。

ついこの間まで学生をやっていたバンカラが、スクリーンでしか見たことのない女優さんたちと親しく口をきけるのです。

有名女優さんからラブレターももらったりしましたし、デートにも誘われました。舞い上がりもするでしょう。女性週刊誌やスポーツ紙が、あることないこと書き立てました。吉永小百合さんから始まって松原智恵子さん、浅丘ルリ子さん、十朱幸代さん、栗原小巻さん、大信田礼子さん……。派手に書き立てられたものです。

俊子としてはおもしろくなかったでしょう。有名女優さんからもらったラブレターをアパートの部屋に放り投げておいたら、洗濯物を取りに来た俊子が見つけたりしたこともあります。会えば喧嘩になる。遊びたい盛りの私は、他の女性に目移りしたこともあれば浮気もしました。

俊子と別れ話は何度かあったものです。

「じゃ、別れようぜ」

という言葉も口に出したこともありました。

それでも別れなかったのは、彼女と深い縁があったのかもしれません。

そうした時を乗り越え、昭和四十四年十月八日、俊子と私は裕次郎さんに立ち会っていただき、東京プリンスホテルで婚約発表の記者会見を開くことになります。

青山学院の青山阪神会で俊子と出会ってから七年後、の吉日でした。

この日を選んだのは、裕次郎さんの予定に私のスケジュールを合わせ、大安ということで決めたのですが、奇しくも、幼くして亡くなった私の長兄明彦の誕生日であることを、後で母から聞かされました。とても偶然とは思えず、兄から祝福されているような気持ちになったものです。

記者会見でプロポーズの言葉について質問され、私はこんなふうに答えています。

「自分たちの場合は付き合いが長いですから、燃え上がった男と女が一緒になるというよりは、義理と人情で結ばれた腐れ縁とでも言いますか。みなさん方も同じだと思いますが、男って、いざ結婚となるとなんとなくいやなものでして。で、延び延びになってしまったわけです。ですから俗にいうプロポーズの言葉なんてありませんでした。彼女のご両親のところに伺って『長い間、お待たせしました』と挨拶をしただけです」

記者さんのあいだで笑いが漏れましたが、これは本音です。

結婚に踏み切ったことについても、

「田舎者の自分をよく理解してくれたし、俳優という仕事に入っても彼女の存在が少しも邪魔にならないことがとてもよかった。裕次郎さんに相談したところ、裕次郎さんも（俊子と）結婚した方がいいとおっしゃってくださいました」

❖昭和45年3月6日、交際8年の時を越えて、渡哲也と石川俊子は結婚した。「南の暖かいところで式を挙げたい」という俊子のたっての希望でハワイに決めた。後年、渡は「双方の両親も呼んであげたかった」と二人だけの挙式を悔やんだ。ともあれ順風満帆の船出であった。長い航海が始まった――。

❖昭和44年10月8日、東京プリンスホテルで、石原裕次郎立ち会いのもと二人は婚約会見を行った。

と、ありのままを説明したのでした。

婚約会見の翌年の昭和四十五年三月六日、二人はハワイで挙式しました。

私が二十九歳、俊子は二十八歳でした。

この地の教会を選んだのは、俊子がクリスチャンであり、できることなら暖かいところがいいという希望によるものです。

挙式は、観光名所ダイアモンドヘッドから海岸線を東に車で十分ほど行ったカルバリー・ルーテル教会で行いました。山小屋風の素朴な木組みの建物で、参列者はなく、〝二人っきり〟の結婚式でした。

これは、私のワガママです。

「晴れがましいことが苦手なので、披露宴はやらず、式も二人だけで挙げさせてください」

と俊子のご両親、そして私の両親にお願いしたのです。

この歳になると、このことを後悔しています。

帰国後、淡路島に住む母の雅子から私と俊子宛てに三通の手紙が届いていました。母が、この日をどんなに心待ちしていたか、ということや、私の誕生から今日までのさまざまな思いが綴られ、俊子宛ての二通目の手紙には、息子のことをどうかよろしくお願いします、とその心情を伝えていました。

私宛ての手紙です。

〈結婚おめでとう。心から祝福いたします。

この喜びの日を、どんなに待ったことか。嬉しさで胸がいっぱいです。道彦が生まれてから、今日までずいぶんといろいろなことがありました。

嬉しいこと、悲しいこと、楽しかったこと、つらかったこと、笑ったこと、泣いたことなどの想い出が次々と浮かんでまいります。

映画界に入ってからは、私どもには考えられない修練の道であったと思い、よくここまで頑張ってきたものと、我が子ながら拍手を送りたい気持ちです。

新生活へ踏み出したこの気持ちをいつまでも忘れないで、幸せな家庭を築いてください〉

三通目の三月八日付けの手紙です。

〈ハワイからの手紙、嬉しく読みました。そして、とめどなく涙が出ました。嬉しさと悲しさと……複雑な心境です。あなたたちが幸せになってくれることが、一番の親孝行なのです。

また会える日を楽しみにしております〉

つらい文面でした。

息子の結婚式を、母はどんなに心待ちにしていたか思い知らされました。〝母親っ子〟で育ち、寮生活の高校時代では何度も学校に呼び出され、それでも私をかばい続けてくれた母。放蕩した私を怒りもせず、小遣いを送ってくれた母……。二人の子供を亡くした母にとって、私の結婚は、とても大きな意味をもっていたのかもしれません。

私の両親だけではありません。俊子のご両親にしてみれば一人娘の花嫁姿をどんなに見たかったことでしょう。ご両親は婚約会見の後、結婚式のための礼服を新調したという話を、俊子から聞いたのでした。

若かった私は、結婚は当事者同士の問題。〝晒し者〟のようになることには我慢できなかったのです。

ところが、この年齢になって、自分の考え方をあそこまで強引に押し進めなくてもよかったのではないか。そう考えるようになりました。

双方の両親があれほど楽しみにしていたのだから、みんなに出席してもらい、結婚式と披露宴をやってあげればよかった。

妻の俊子は口には出しませんでしたが、本当は自分の花嫁姿をご両親に見せたかったのではないか。

そんな申しわけない思いにかられるのです。

日活との訣別

俳優で何とか飯は食っていけるようになりましたが、テレビに娯楽の王座を奪われた映画は、斜陽の一途をたどっていました。結婚した翌昭和四十六年、経営不振に陥った日活は製作を縮小する一方、ロマン・ポルノ路線へと転換します。

私は『無頼シリーズ』や『前科シリーズ』『大幹部シリーズ』などで、芸能マスコミから「日活のニューアクション・ヒーロー」などと呼ばれていましたが、会社がポルノ路線に舵を切ったことで出番はなくなっていきます。

それでも私は深刻には考えていませんでした。自分は俳優には向いていないのではないか、という思いがずっと頭の片隅にあり、俳優業に固執する気持ちは元々なかったからです。

人前に出るのも、話をするのも、まして晴れがましいことは本当に苦手なのです。作品をPRするため、日活が芸能雑誌やスポーツ紙のインタビューをセッティングするのですが、これも正直言って、あまり気が進まなかったものです。

他社からお誘いも受けましたが、私としては故郷の淡路に帰って、父の跡を継ぐことを考えていました。小さいながらも洋品店の主人をやるのも悪くないかな、と、そんなことを思っていたのです。

しかし、故郷に帰るにしても、いますぐというわけにもいかず、私は日活宣伝部の浅井秀剛さんに誘われるまま、一緒に日活を辞めたのです。浅井さんが私を個人でマネージメントするという話になったのです。

浅井さんは銀座の老舗の洋菓子屋の御曹司で、慶應大学出身。日活時代、有能な宣伝マンとして知られていました。映画が斜陽とはいえ、当時、東映はヤクザ路線が当たり、高倉健さん、菅原文太さん、梅宮辰夫さん、松方弘樹さんら錚々《そうそう》たる人たちが活躍していましたし、勢いのあった新国劇もフジテレビと組んで映画製作に乗り出していました。

たぶん浅井さんとしては、私をこの路線に乗せてマネージメントしようと考えていたと思います。しかし、私は何が何でも俳優業を続けるという意志はありませんし、淡路島に帰ろうかと思っているのですから、正直、浅井さんも困ったことでしょう。

そんなある日のことです。浅井さんを通じて、松竹の升本喜年プロデューサーから、一度、会って話がしたいと連絡を頂戴するのです。映画出演の話であることはわかっていましたし、私にその意志はありませんでしたが、お断りするのは失礼と思い、赤坂東急ホテルの二階のレストランでお会いすることにしました。

升本さんとは初対面でした。松竹が男性映画路線を開拓することになり、私に来て欲しいと率直におっしゃいましたが、行くとも、行かないとも返事はしませんでした。私を買ってくださるのは光栄としても、俳優を続けるかどうか迷っていたからです。

その場でお断りしなかったのは、升本さんの人柄でした。

これまで主演した映画で気に入った作品を問われ、『紅の流れ星』が最も気に入っているとお答えすると、

「私もそう思います」

升本さんは我が意を得たりとばかり、大きくうなずいていました。

初対面で打ち解け、波長も合ったのでしょう。別れるとき、升本さんが「一度、お宅に伺っていいですか」とおっしゃるので、私も思わず「どうぞ」と返事をしたのです。

後で知ったことですが、松竹以外に東映と新国劇からも話が来ていたといいます。男性映画のメッカ東映と、新国劇は、私に興味があったようでした。

升本さんが拙宅を訪ねてみえたのは真夏の暑い盛りの午後だったと思います。結婚してから、私たちは池上線久が原駅近くにある俊子の実家に、ご両親と同居していました。敷地内の別棟が私たちの住まいで、母屋と廊下続きになっているのです。

この日は先客がありました。石原プロの製作主任だった小林正彦（後、石原プロ専務）です。この頃はまだ、私は石原プロに入ってはいませんが、日活撮影所に勤務していた小林正彦と「哲」「コマサ」と呼び合っていました。コマサはよくしゃべる男で座持ちがよく、初対面の升本さんと意気投合。三人で愉快な時間を過ごし、夕食は俊子が手料理をふるまうことになります。

こうして升本さんは、ちょくちょくわが家に見えるようになり、「この人なら」――という信頼から、私は松竹へ行くことを承諾するのです。

これは後で升本さんから聞いた話ですが、私が松竹と専属契約を結んだことを知った裕次郎さんが、升本さんに面会を求めてきたといいます。

「石原プロと東宝が提携して映画製作の話が前々から進んでいるのだが、この作品は石原裕次郎・渡哲也が前提なので、渡の出演を認めて欲しい。ただし封切りは、渡が松竹作品でデビューした後にすることを約束する」

そんな話だったそうです。

升本さんとしては断る理由はなく、了承してくれます。私が石原プロに入社する前年のことでした。

松竹での第一作は、アクション映画の『さらば掟』です。セット撮影は貸スタジオになった日活撮影所で行われました。製作主任は石原プロのコマサで、スタッフも石原プロが揃えました。日活出身の彼らはアクション映画には手馴れていて、派手なアクションシーンも短時間で見事に撮りあげます。私はこれまでそうであったように黙々と演じました。

封切りは昭和四十六年九月十五日。興行成績は期待したほどではありませんでしたが、松竹男性映画路線の第一弾としてはまずまずだと升本さんは評価してくださいました。

二作目は、舛田利雄監督の『剣と花』です。舛田監督は日活時代、『紅の流れ星』で私をイメージチェンジさせてくれた〝育ての親〟です。

「哲に多少でも芸術の匂いのする作品の主役をやらせたい」

という舛田監督の狙いに、升本さんも賭けたのだと思います。原作『剣と花』は立原正秋先生の純文学作品で、「怪しいロマンチシズムを放つ作品」と評されていましたし、難解な作品とも言われましたが、私は舛田監督の指示に従って演技するだけです。アクション映画も、純文学作品も、すべて監督まかせです。

昭和四十七年四月十五日から二週間、『剣と花』は『喜劇・新婚大混戦』と二本立てで封切られました。作品の評判は悪くなかったと思いますが、興行成績としてはあまりふるいませんでした。

そして次の『人生劇場』の公開の後、私は〝終《つい》の棲家《すみか》〟となる石原プロに入社します。

石原プロが倒産の危機

株式会社石原プロモーションは、裕次郎さんが自分の夢を実現させるため、悩みに悩み抜いた末に設立した会社です。日本映画界の頂点に立ったスーパースターであっても、映画会社という組織の一員である以上、不本意な作品であっても出演しなければなりません。

これが組織です。理想の映画を追求しようとするなら、自分で製作会社を立ち上げるしかない。そこで裕次郎さんは昭和三十八年一月十六日、理想と信念のもとに石原プロを設立します。

映画各社にしてみれば、石原裕次郎率いる石原プロは脅威だったでしょう。これを放置しておくと、大変な事態を招くことになるかもしれない。

石原プロをつぶせ——というわけで、

「映画を作るのは勝手だが、作品は映画館では上映させない」

と石原プロの封じ込めにかかったのでした。いわゆる五社協定というやつです。

当時、映画館は映画会社の直営館が多く、直営館でなくても、映画会社の意向に背けば作品の配給を止められて死活問題になる。結局、すったもんだの末、裕次郎さんはこれまでどおり

❖昭和45年2月封切りの石原プロモーション製作、石原裕次郎主演の『富士山頂』にヘリのパイロット役で石原プロ作品に初参加した。それから2年後、渡哲也は石原プロへ入社した。

日活と契約を結ぶ一方、自主製作および石原プロと日活が共同制作した作品は石原プロが主導権を握ることで一件落着させるのです。石原プロ設立は私が日活に入社する前年ですから、私が日活の大食堂で裕次郎さんに挨拶をし、立ち上がって握手してくださったのは、まさにその渦中ということになります。

その後の石原プロは『黒部の太陽』や『栄光への5000キロ』といった話題作の大ヒットで破竹の勢いにありましたが、その後に続く『ある兵士の賭け』『エベレスト大滑降』と立て続けにコケます。私も出演させていただいた『富士山頂』も『甦える大地』も興行的にうまくいかなかったと聞きます。

そんな折り、

「石原プロがしんどいぞ」

という噂が耳に入ってきたのです。借金は七億円とも十億円とも言われていました。いまから四十年前の十億円ですから、莫大な負債額です。石原プロはまもなく倒産するだろうと噂されていたのです。

私が石原プロに入社する前年の昭和四十六年、裕次郎さんは肺結核で国立熱海病院に入院しています。高校生の頃に軽い胸部疾患を患っていて、経営危機による心労が重なったことで発病したものと思われます。『甦える大地』のキャンペーンで全国各地をまわっているときのことで、秋田第一ホテルで倒れたということです。

東京にもどって慶應病院に入院されていましたが、転地療養のため、国立熱海病院に転院したというわけです。

のち、コマサに聞いた話では、裕次郎さんは諦めも早く、

「人生、失敗もあるさ。だから一回会社をつぶして、もう一度出直せばいい」

というようなことを平気で口にされていたそうです。

この鷹揚さが裕次郎さんの魅力で私は好きなのですが、コマサはこれに怒り、熱海の病院で食ってかかったといいます。

「男が一回会社をつぶしたら、一生うだつが上がらないですよ。そんなことは絶対にできない」

と、大反対をして裕次郎さんに意見をしたそうです。

「だったらお前、どうするんだよ」と言う裕次郎さんに、

「借金をしてでも、金返していくしかないんです」と石原プロの方向性を訴えたといいます。

そしてコマサはテレビ番組を製作する会社を設立し、その利益を石原プロの借金返済にあてる計画を提案したのです。

というのも、再建ということで外部の人間が石原プロに乗り込んでいて、スタッフをリストラする一方、撮影器材のすべてを売却して借金返済にあてようとしていたからです。

カメラも、録音機材も、照明機材も……。

撮影機材は石原プロの魂です。

〝これを失ったら、石原プロは二度と立ち上がることはできない〟というのがコマサの考えで、

「撮影器材は売らずに、自分たちに貸して欲しい」

と裕次郎さんにお願いしたのです。

裕次郎さんは快諾し、コマサは残った十数人のスタッフを連れてＩＰＦ――「石原プロモーション・フィルム」を設立します。

これが昭和四十六年四月二十六日のことでした。

東京・千歳烏山の古ぼけた倉庫にオフィスを構え、東宝映画の下請け製作とＣＭ作りをメインに、あらゆる映像製作の下請けを受注し、初年度だけで六千万円を売上げるのでした。オフィスといっても倉庫ですから、屋根はトタン板で窓は少ない。冷房もないので、夏場は汗だくになってソーメンをすする。

そうした石原プロの現状と、コマサたちスタッフの裕次郎さんへの想いを見ていると、自分の行き先は石原プロしかないと心に決めたのでした。

裕次郎の涙

裕次郎さんには大変な恩義があります。

恩義に報いるのは今だと思いましたが、私には何の力もありません。せめてもの足しにしていただけたらと、叱られることを承知で、私が持っていた全財産の百八十万円を茶封筒に入れて、虎ノ門にあった石原プロへ行きました。

「僭越《せんえつ》ですが、お役に立ててください」

そう言って差し出すと、

「哲、なんだよこれ、こんなの受け取るわけにいかない」

押し返す裕次郎さんに私は、

「ブッ飛ばされても、これだけは受け取ってもらおうと腹をくくって来ました」

覚悟してそう告げると裕次郎さんは、

「ありがとう。でも哲、それはだめだ。お前の気持ちだけいただいておく」

キッパリと断る裕次郎さんの目にうっすらと涙が滲んでいました。

私も胸が熱くなって、声になりませんでした。

どん底にあろうとも、矜持《きょうじ》を貫いてみせる男のあるべき姿を、私は裕次郎さんに見た思いでした。

周囲は大反対しました。裕次郎さんと親しくしていた人たちまでです。

「つぶれかかった石原プロになぜ行くのか」

と俳優連中はあきれましたし、他の映画会社からは、

「石原プロに行くくらいなら、ウチに来てください」

というお話もいただきましたが、私の気持ちは変わることはありませんでした。

こう書くと、一大決心をしたように思われるかもしれませんが、そうではありません。裕次郎さんと一緒に仕事ができればいいと思っただけで、深くは考えませんでした。行きたいから行く。それだけのことです。そこに理由や意味をつける必要などありません。

この時期、裕次郎さんは、それまで拒否してきたテレビのCMに初めて出演します。CMどころか、当時はテレビのことを〝電気紙芝居〟と揶揄《やゆ》し、銀幕のスターはプライドからテレビ出演することはありませんでした。そういう意味で、裕次郎さんのCM出演は相当の決断だったはずです。石原プロのスタッフが歯を食いしばり、借金返済のために一丸となって頑張っている姿に胸を打たれたのでしょう。

　このテレビＣＭが宝酒造の「松竹梅」です。当時、宝酒造はビール事業に進出して失敗し、会社存亡の危機に晒されていました。ビール事業から撤退し、立て直しのための起死回生の商品が「松竹梅」でした。当時、同社の大宮隆社長は、ＣＭ製作を請け負う電通に対して、こう要望したそうです。

「うちの会社はこれから日本一を目指す。コマーシャルに起用する俳優も日本一でなければならない」

　こうして裕次郎さんにオファーがきたというわけです。これがご縁となって、大宮社長は、会長になられた後も、公私にわたって大きく手を差しのべてくださることになります。以来、同社と石原プロは四十年を超える長いお付き合いをさせていただき、裕次郎さん亡き後は私が引き継いでＣＭに出させていただくことになりました。

　さらに裕次郎さんはテレビ出演も解禁します。日本テレビの「太陽にほえろ！」に出演し、やがて「大都会」「西部警察」へと展開していくことになるのです。

撮影中に倒れる

　昭和四十七年は、私にとって、とても大きな意味を持つ年になりました。

升本プロデューサーにお世話になりながら、私は映画『人生劇場』（松竹）とテレビ時代劇「忍法かげろう斬り」（フジテレビ系）をかけもちで撮っていました。

「忍法かげろう斬り」は京都の東映撮影所、『人生劇場』は松竹の大船撮影所ですからスケジュール的にはかなりハードでしたが、健康だけが取り柄の私です。これまで病気らしい病気はしたことがありませんし、学生時代は空手部の猛稽古で鍛えた身体ですから、体力には自信がありました。身体が資本の俳優稼業です。健康と体力は何より財産だと思っていました。

その私が、これから四度の〝入院人生〟を送ることになるのです。

「人間、明日はわからない」

とよく言われますが、本当にわからないものです。

人生というやつは風まかせの凧のようなもので、薫風《くんぷう》をはらんで青空にのんびりと漂うこともあれば、突風に煽《あお》られてキリキリ舞することもある。風が悪いのでもなければ、糸の繰り方が悪いわけでもない。人生とはそういうものであり、これは淡々として受け入れるしかないものだと私は思っているのです。

体調に異変を感じたのは七月中旬、京都で「忍法かげろう斬り」を撮っていたときのことでした。

立ち回りの最中、胸に激しい痛みが走って息も出来なくなり、しゃがみこんでしまいました。スタッフの方々が心配して、しばらく休養を取るように勧めてくださいましたが、これといって持病があるわけでもなく、また体力には自信がありましたから、『人生劇場』とのかけもちで疲れが溜まっているのだろうと、さほど気にとめませんでした。それに、私ごときのために撮影を中断させるわけにはいきません。スタッフの気遣いに感謝しながら、撮影を続行しました。

これが悪かったのだと思います。二十一日になって高熱を発し、撮影中に倒れて京大付属病院に運び込まれたのです。精密検査の結果、

「葉間肋膜炎《ようかんろくまくえん》により、三カ月の入院加療を要す」

という診断でした。

翌朝、妻の俊子が新幹線で病院に駆けつけてきて、私は一緒に東京に帰り、杉並区にある荻窪病院に入院することになります。

実は、俊子もこの荻窪病院にかかっていて、つい二カ月前の五月、懐妊を告げられたばかりでした。この荻窪病院は、院長さんと俊子の母・照子さんとが親戚関係にあることから、お世話になっていたのです。

私の入院で急遽、弟の渡瀬恒彦が代役を務めてくれることになります。恒彦は翌月の八月十

五日、大原麗子さんとギリシャの教会で挙式を予定していましたが、この仕事が入ったために申しわけないことにキャンセルさせてしまったのです。

それにしても、驚いたのは俊子と私の両親でしょう。両家とも初孫を心待ちにし、私の親父は姓名判断の本を何冊も買い込んできて、男の子と女の子の両方を想定して、いくつか名前の候補を知らせてきていました。

懐妊という〝吉報〟をもたらした荻窪病院に、今度は私が入院するのですから、喜びと心配とが同時にやってきたことに、さぞかし驚いたと思います。

治療といっても、特別なことをするわけではありません。ストマイを射って、栄養を摂って、あとは安静にしているだけですから退屈で時間をもて余します。

入院当初、七十四キロあった体重が八キロも落ちていましたが、それも次第に回復していて、寝ているだけなら家で寝ていても同じです。栄養に関しては、俊子がせっせと手料理を運んでくれていますから、身重の身体を考えれば、患者の私が家にいたほうがずっと楽です。そんなこともあって院長と相談し、二カ月足らずで退院。自宅療養ということにさせてもらったのです。

自分の病気のことより、生まれてくる子供のことが気になります。

自分がいよいよ父親になるのかと思うと面映《おもは》ゆい気がする一方、ヤクザ役をやっている自分が赤ちゃんを抱いてニヤけたのではカッコがつかないだろうと思ってみたり。それよりなにより、とにかく元気に生まれてきて欲しいと願う自分に郷里の父を重ね合わせ、親心というものが少しはわかる気がしたものでした。

出産予定日は十二月六日。寝てばかりいるのも苦痛ですから、退屈しのぎに友人たちと伊豆方面に釣りに出かけたりして、出産の日を心待ちにしていました。

わが子の命

ところが順調だった俊子の身体に異変が起こり、荻窪病院に入院するのです。

精密検査の結果、「部分性胎盤早期剝離」を起こしていることがわかりました。このまま進行すると流産の危険があると医者から告げられ、心配しましたが、幸い経過もよく、十月八日には退院の運びになりました。

この頃には私の身体も回復し、仕事で沖縄にいたときのことです。

俊子が自宅でアイロンがけをしている最中に出血し、荻窪病院に緊急入院するのです。私の脳裏を「流産」の二文字がよぎり、すぐに飛行機に飛び乗り東京に戻りました。

幸い流産はまぬがれ、ほっと一安心したのも束の間、十月二十七日早朝になって陣痛が始まったのです。出産予定日は十二月六日ですから、一カ月以上も早い。

（無事に生まれてくれるだろうか）

胸がしめつけられるような不安に襲われました。

午後七時四十九分、分娩室からわが子の産声が聞こえてきます。男の子でした。二四四〇グラムと未熟児に近い赤ちゃんでしたが、無事、生まれてきてくれたことに私は安堵しましたが、

「お話があるんですが」

と告げた医師の硬い表情を見て、わが子の異変を直感したのです。

「お子さんは……、チアノーゼにかかっています」

医者が重い口を開きました。チアノーゼとは、血液が身体の末端にまで行かないため血液中の酸素濃度が低下し、身体中の皮膚が青紫色になっている状態です。

「それで？」

私が先をうながすと、

「一週間もつかどうか……」

静かに告げたのでした。

自分のことであるなら、私はどんなことにも耐えられます。困難も、苦痛も、不安も、いや不幸のどん底にいたって私は耐えてみせます。しかし、俊子はどうでしょう。自分のお腹を痛

めたわが子です。もし、万一のことがあれば……。

保育器のなかで、小さな命が両手をこぶしに握っています。生きようとして、懸命に戦っているのでしょう。俊子のために、この子自身のために、そして私のために生き続けて欲しい。

私は祈りつつ毎日、病院に通ってわが子を見守り続けたのでした。

淡路島から、父の賢治にがんの疑いがあるとの知らせが届いたのは、ちょうどこの頃のことでした。

体調を崩し、地元の病院にかかったところが、直腸がんの疑いがあるということだったので、母の雅子が付き添い、すぐに東京に呼び寄せて荻窪病院に入院させます。設備がいいということと、ここなら私の目も行き届きますし、院長と俊子の母が親戚ということで心強くもあります。

父の入院は十一月七日ですから、子供が生まれてから十日ほど後のことでした。

一週間もつかと懸念されたわが子は、この病院の保育器の中で小さな命の火をともし続けています。名前は、父が候補としてあげた中から「暁史《あきふみ》」とつけました。

そんななか十一月に私は石原プロに入社して、裕次郎さんと志《こころざし》を共にすることになったのです。

裕次郎さんの下で働けるだけでよかったのです。

昭和四十七年を振り返るとほんとうにいろんなことがありました。

父の死

荻窪病院で精密検査をした結果、父、賢治のがんは直腸だけでなく胃にも転移していました。選択の余地も猶予もなく、二日後、手術が執刀されました。直腸を切除し、ストマ（人工肛門）になってしまいますが、問題は胃のほうでした。進行状態がひどく手のほどこしようがなく、そのまま腹を閉じたとのことでした。

医者の宣告でした。

「もって一カ月」

いまの時代はインフォームド・コンセントによって、病名や症状、治療方法について告知が医者に義務づけられていますが、当時はまだ、がんの告知についても賛否が論議されていました。親父には、末期がんであることはもちろん、余命についても知らせてはいませんでした。

術後、父は歩けるようになると、保育器の中の暁史に会いに行きます。

どんなに頑固な人間でも、死期が近づくにつれて仏さまのように穏やかな表情になると言われますが、笑顔を見せて暁史をあやす父は好々爺そのもので、私にビンタを飛ばした昔が信じられない思いでした。

父は日を追って衰弱していきます。人間はいつか、必ず死んでいく。私は父の死を受け入れ、その日がまもなくやってくることは覚悟していました。しかし、この世に生命《いのち》を授かったばかりの暁史が天に召されるのは、あまりに理不尽で、受け入れることはとうていできませんでした。

暁史は頑張り続けました。

生まれて四十日後、俊子に抱かれて退院できたのです。

私は俊子に付き添いながら、父の祈り、母の祈り、俊子の祈り、俊子のご両親の祈り、お医者さん、看護婦さん、そして私の祈りが天に通じたのだと思いました。

一方で父は、日毎、元気がなくなってきました。

父の衰弱もさることながら、私が心配したのは付き添って看病する母の身体です。何度言っても、父の傍を離れません。余命のことを承知していたからでしょう。母は、何事においても「人が先、我れが後」という人でした。病室に折りたたみ式の小さな貸しベッドを持ち込み、寝泊まりを続けました。

病室を離れることがありませんから、食堂にも行かず、父が残したものを食べてすませていたのです。父が亡くなるときは、母も点滴を受ける状態でした。

私も弟の恒彦も仕事に追われていましたが、時間を作っては病室を見舞いましたが、

「来なくていい。男は仕事が大事だぞ」

と、父は小言を口にしたものです。

そのくせ私たちが一週間も行かないと、

「道彦たちはどうした？　今日は来ないのかな」

と寂しそうにつぶやいていたと、後で母から聞かされました。

私は松竹の大船撮影所で『花と龍』を撮っていました。主役の玉井金五郎役で、撮影スケジュールが非常に厳しく、玉井金五郎の撮影のない日は一日としてありません。みなさんにご迷惑をおかけするので、父が亡くなっても撮影を中断するわけにはいかず、死に目には会えないものと覚悟していました。

後で聞いた話では、事情を知った加藤泰監督も、升本喜年プロデューサーも、もしものことがあったら、撮影は少なくとも一日は中止にすると決めていたそうです。追込みの最中でありながら、私事にご配慮いただき、情けが身にしみました。

「島に帰りたい、帰りたい……」

と、父はうわごとのようにつぶやいています。

父の目には、淡路島の青い空と、陽光を照り返してキラキラ輝く海が見えていたのかもしれません。（帰してやりたい。自宅で最期を迎えさせてやりたい）そんな衝動にかられましたが、動かすのは危険です。淡路島まで体力は持たないでしょう。でも、奇蹟が起こるかもしれません。「帰してやりたい」、最後の最後まで、希望は捨ててはならないと自分に言い聞かせました。

一カ月の余命宣告から四カ月近く頑張った翌昭和四十八年三月七日午前二時五分、父は六十三年の人生に幕を下ろし、静かに息を引き取ります。

奇しくもこの日が『花と龍』のクランクアップの日になっていました。

偶然とは思えませんでした。「男は仕事が大事だぞ」と口癖のように言っていた父は、私の大事な作品となる『花と龍』がクランクアップするまで、頑張って生き続けてくれたのではないか。臨終の知らせを受けたとき、私は咄嗟にそう思ったことを覚えています。

父が亡くなる前夜、弟の恒彦は胸騒ぎを覚え、京都の撮影所でテレビ時代劇「隼人が来る」を撮り終えると、最終の新幹線に飛び乗り、東京駅から真っ直ぐ病院に向かっています。

父は目を閉じ、うわごとのようにつぶやいていたと恒彦から聞きました。

「オレの目がない。目をつけてくれ」

「オレは帰るよ」

「おい、荷物はまとめたか」

「新幹線の席は取れたか」

そして弱々しい声で、

「もういいんだ、いいんだよ」

医者は親族を呼ぶよう恒彦に告げたそうです。私の女房の俊子、俊子のご両親が病院に駆けつけ、父を看取ってくれました。

私は死に目には会えませんでした。大船の旅館「好養館」から車を飛ばして病院に着いたのが夜中の三時でした。顔に掛けてある白い布を取ると、父は眠っているようでした。いまにも目を開けてニッコリと笑いかけてくるような、安らかな寝顔でした。

手を合わせ、顔に白い布をもどすと、私は最後のシーンを撮るため、撮影所に引き返したのです。


父渡瀬賢治の本葬儀は三月九日午後一時から、渡瀬家の菩提寺である岩屋の観音寺で執り行われました。

観音寺は山の中腹にあり、明石海峡を越えて対岸の須磨、明石、舞子から神戸あたりまで一望できます。早春の、少し肌寒い風に頬を撫でられながら海峡を眺めていると、

「帰りたい、帰りたい……」

と何度も口にした親父のつぶやきが耳の奥に蘇ってくるようでした。友人や映画関係者の方々など、多くの会葬者のみなさまが遠隔地から来てくださり、父を送ってくださいました。

葬儀では、私は涙は見せませんでした。ところが、葬儀の後、遺族みんなで寺の裏手にある渡瀬家代々の墓にお参りし、父が好物だったタバコやウイスキーなどを供えて手を合わせているると、不意に涙がとめどもなくあふれてきました。こみあげてくる嗚咽を、私はどうしてもこらえることができませんでした。

怖い父で、口より先にビンタです。そんな父を憎みました。反抗し、高校時代は不良を気取りました。しかし、いっぱい愛情を注いでくれた父親でもありました。

私が小さい頃、波止場から海に落ちて死線をさまよったとき、自分も裸になって一晩中、抱きしめてくれた父。神戸のレストランに連れて行ってくれ、美味しいものをいっぱい食べさせてくれた父。山に薪を取りに行って、いつもアイスキャンディーを買ってくれた父……。

思い出が次から次へと走馬燈のようにめぐってきて、私は声をあげて泣きました。

高校時代、親友を亡くして私が落ち込んでいるとき、父は私の幼い日に亡くなった兄の明彦と弟の正憲への母の悲しみの心情を綴った手紙を寮に送ってくれたことがあります。

〈人生には楽しいこと、悲しいことなどいろいろなことが起こります。友人の死というのは確かに悲しいことには違いありませんが、自分の親や子とわかれることに比べたらどうなのでしょう。明彦が死んだ時、正憲を亡くした時、母は半年間も悲しみに閉ざされ、特に死後の数日間は食事も喉を通らず、夜も眠れぬありさまでした。平家物語には諸行無常と書かれ、仏教でも無常ということをさかんに言います。

間違いなく友人の死はとても辛いものです。でも、母の思いと比べて見てください。人間は悲しいこと、困ったことに出会う度に勇猛心を奮い起こして、前進努力するようにならねばなりません。

元気をなくしてしまうような気の弱いことでは将来が思いやられます。

お前のこれからの長い人生にはさまざまなことが起きるでしょうが、嬉しいことに出会っても有頂天にならず、どんなに辛く困ったことに当面したとしても、倒れてしまってはいけません。限り無い闘志と不屈の魂をもって、人生に対処していかなければなりません。お前たちに寮生活を課したのも、色々な人生体験をさせるのが目的です。家にいたほうが好きな物は食べられ、冬も暖かく過ごせます。しかし、寮では違います。わがままは通りません。家のように暖かくもないでしょう。だからこそ自然に忍耐力が養われ、協同の精神が培われていくのです。元気を落とさず、頑張りなさい。〉

❖昭和40年3月、淡路島に帰郷。父賢治（左）、母雅子（右）と自宅でくつろぐ。
（写真提供 報知新聞社）

父親は、わが子に厳しくあるべきだと思います。一人前の社会人に育て上げるためには叱責も、ときに鉄拳も必要です。父親の愛情とは子供を猫かわいがりすることではなく、嫌われるのを承知で白は白、黒は黒と教えることではないでしょうか。

そういう意味では、父親は悲しい存在かもしれません。

私は父を失った悲しみをとおして、そのことに改めて気づいたのでした。

「諦道院悉言明賢居士」

父の戒名です。

目をつむると、故郷淡路島の岩屋で過ごした時代が蘇ってきます。私は六歳から十四歳までの八年間をこの町、この島で過ごしました。

潮風の匂い、青々とした海、花のそよぎ、両親と弟、友の笑顔がそこに見えるのです。私のすべてはここから始まったのです——。

第二章

青春の彷徨

淡路島岩屋

私が育った淡路島の岩屋は、狭い海峡を隔てて明石市と向き合うフェリーの玄関口になっています。

その地名からもうかがえるように、港の背後に山が迫って坂道や石段ばかりでした。過疎化が進む半農半漁の町で、岩屋の人口も年々減少しており、現在は六千人ほどになったと風のたよりに聞きます。

わが家から岩屋港の桟橋まで、子供の足でも五分足らず。夏休みになると砂浜の海水浴場で泳ぎ、岩場に潜って自家製のモリでタコを突き、サザエを採ったものです。

明石海峡のタコは有名ですが、小型で色が白く、海峡の激しい流れにもまれて育つせいか、さすがに美味い。採ったサザエは、その場で焚き火をして放り込み、友だちと食べます。ちょっぴり塩気を含んでいて、この味も、いまだに忘れることができません。

磯でメバルやカサゴを釣り、夏の夕暮れは防波堤に出てアジの群れを釣る。

潮風の匂い、頬をなでる潮風、そして背後に目を転じれば丘陵の段々畑……。お墓参りにこの地に帰ってくると、少年時代の自分が鮮やかに蘇ってくるのです。

「ふるさとの山に向ひて　言ふことなし」

と石川啄木が郷里の岩手山を詠んだ気持ちが、いまの私にはよくわかります。

漂泊の人生であろうとも、人間には郷里という、自分の精神を形作った〝原点〟があるように思うのです。


私は昭和十六年十二月二十八日、安来節で知られる島根県安来市でこの世に生を授かりました。安来市は母雅子の実家があった地です。

淡路島出身の父賢治は日立製作所に勤務しており、配属になった安来市で母と結婚したのです。

真珠湾奇襲攻撃によって太平洋戦争が始まったのが昭和十六年十二月八日ですから、私はその二十日後に生まれたことになります。日本軍は破竹の勢いで、日本中が戦勝気分に沸いていたことと思いますが、もちろん私に記憶はありません。

それでも、安来市には小学校へあがる直前までいましたから、空襲で防空壕へ逃げたことは覚えています。

戦後の食糧難も、記憶にあります。柿の皮を干したものやジャガイモを蒸したもの、イモ飴、おかゆの中にサツマイモが浮かんでいたり……。しかし食糧難とはいっても、母親の実家が洋服の仕立てをやっていたので、わりと裕福でした。

食べるものに困るというほどではなかったように思います。実家の作業場には若い女の子がいっぱいいて、やたらミシンを踏んでいた記憶があります。

両親と淡路島の岩屋に越して来るのは、私が小学校一年生のとき。父賢治が岩屋で洋品店を始めたからです。


渡瀬家は代々、この地で海運業を手広く営む旧家で、賢治は五代目に当たります。江戸時代から瀬戸内海の島々でとれたミカンなどを大阪などに運んでいたそうです。

私の本名である「渡瀬」という姓は、「瀬＝明石海峡を渡って大いに商いをする」という意味から名付けられたと聞いています。

しかし、時代の趨勢《すうせい》というやつなのでしょう。父は手詰まりとなった海運業に見切りをつけ、日立製作所に勤めるサラリーマンになります。

会社では取引先である軍の将校の秘書役を務めるなど、しかるべき役職に就き、軍事産業が盛んだった呉や広島などを転々とした後、父賢治は配属先の安来市で母雅子と所帯を持つことになるのです。

その父が昭和十八年、日立を突然退職すると、私たち家族を安来市に残して淡路島の岩屋に帰って行きます。のちに父から聞いた話などから推察すると、日本の敗色を予感し、日立という軍事産業に勤めていることに不安を感じてのことだったようです。

将校の秘書役ですから、軍事に深く関わりすぎていたということでしょう。岩屋にもどり、生活基盤を確立してから家族を呼ぶ腹づもりだったと言います。

父は石油、石炭、鉄鋼など、さまざまな事業に手を出して、いずれも失敗しましたが、やがて「ワタセ洋品店」を岩屋に開き、家族を呼び寄せたのでした。母の実家が洋裁店をやっていましたから、洋品店なら母も協力できます。敗戦からわずか二年後の昭和二十二年、日本中が飢えに苦しみ、廃墟と混乱の渦のなかでもがいていた時代でした。

当時の岩屋には、ガスも電気釜もありません。

電気釜が発売されるのは昭和三十年代に入ってからと聞きますので、岩屋だけでなく、当時の日本はどこの家庭でも、かまどに薪をくべて飯を炊き、風呂を沸かしていたのだと思います。それだけに、薪は生活の必需品です。

休みの日になると、私と弟の恒彦は父に連れられ、家から歩いて十五分ばかり登ったところにある渡瀬家の持ち山に入ったものです。

雑木を鋸《のこぎり》で引き倒し、鉈《なた》を振るって手ごろな大きさにしていきます。そして昼になると、母が四人分の弁当を風呂敷に包み、水筒をぶら下げて登ってくる。これが楽しみで、恒彦も私も頑張ったようなものです。

家族四人が雑木林に腰を下ろし、眼下に岩屋の町と海を眺めながら食べるのです。それがどれだけ幸せなことであるか……。子供だった当時の私たちにはわからなかったでしょう。

薪は家で使う量だけでなく、生活費の足しにするため余計に取っていたことを覚えています。いくらになったのか私の記憶にありませんが、戦後の貧しい時代、父が薪を売っていた姿は幼い目に残っています。

野菜は自給自足。持ち山には小さな畑もあって、そこで家で食べる野菜を作ったり、栗や柿を採ったり……。

子供ですから、時に楽しく、時に嫌々の手伝いであったりしながらも、自然のなかで存分に過ごせたことは、私の人生において大きな財産になっていると思っています。

母、雅子

幼い頃の私は気弱で、泣き虫で、甘えん坊で、母の雅子にべったりでした。いつも母の傍にくっついていて、スカートの端を握りしめていたように思います。

母と離れるのが不安で、安来市で入園した幼稚園もたった二日間でやめたのだと、母親が生前、笑いながら話してくれたことがあります。登園するときは母が手を引いて連れて行ってくれるのですが、幼稚園の先生に私を預けて帰ってしまうとワーワー泣き出すのだそうです。

そのあげく、母の姿を追って幼稚園から〝脱走〟して家に帰ってしまう。

これには幼稚園も困ったと思います。何事においても周囲に気づかう母ですから、これ以上、幼稚園にご迷惑をおかけすることはできないと思ったのでしょう。たったの二日で退園したというわけです。

淡路島に引っ越した私は、岩屋町立石屋小学校の一年生に編入します。身体こそ大きかったものの、泣き虫で、〝母親っ子〟なところは高学年になっても変わりませんでした。

当時、『笛吹童子』『紅孔雀』『鞍馬天狗』など東映時代劇の全盛時代でしたから、小学生の遊びはチャンバラです。

でも、私はいつも〝斬られ役〟ばかりやらされ、泣かされ続けたものです。勉強は少しばかり出来る方で、級長にも何度か選ばれたりしました。

泣き虫だったのですが、通信簿には〈態度は明るく自制心もある〉と書かれていますから、周囲にはそう見えたのでしょう。しかし、それに続けて〈仕事を熱心に、勤労を喜ぶように〉と書いてあります。

「生まれつきのノンキモノでナマケモノ」

というのが私の口癖ですが、いま思えば、私は小学生の頃からノンキモノでナマケモノの子どもでした。

母は、「日本の母」だと思っています。

慈母観音のようにやさしくて、夫を立て、夫に従い、そして何事も堪え忍ぶ。本当に古風な女性でした。

男は男の、女は女の、父親は父親の、そして母親は母親の果たすべき役割があると思うのです。言い換えれば、男でなければできないこと、女でなければできないことがあるはずです。

子供が人の道に外れることをしでかしたとき、頬を張るのは父親の役割です。

子供がうちひしがれたとき、やさしく懐に抱くのは母親の役目です。

❖最愛の母、雅子に抱かれる一歳の渡哲也。厳格な父、賢治と母の愛に育まれ、成長していった。母は生涯、夫の賢治を支え、渡と渡瀬恒彦兄弟を見守った。「日本の母」という形容が似合う女性だった。

仕事に身体を張ったり、夜を徹して頑張るのは男であって、女がするべきことではないと思うのです。古い考えだと言われれば、そうかもしれません。しかし、時代がどう変わろうとも、普遍の価値観というものはあると、私は信じているのです。

明治男の一徹さ

父、賢治はスパルタ教育でした。口答えすれば張り倒される——そんな父親でした。

とにかく怖い父親でした。

躾だけでなく教育にも熱心で、学力テストがあると、小学生にもかかわらず夜中の二時、三時まで勉強をさせられました。

男は文武両道であるべきというのが父の考えだったのでしょう。警察の道場で柔道を強制的に習わせられたりもしました。

高校時代、小遣いをためてやっと買ったロカビリーのレコードを父が見つけたときは、

「これは人間をだめにする音楽だ！」

烈火の如く怒り、プレーヤーごと叩き壊したこともあります。

テレビもそうです。どこの家庭にもテレビがある時代になっても、「テレビは人間を馬鹿に

する」と言って、わが家だけ買いませんでした。

怒られ、殴られた後、裏庭の井戸でよく水を汲まされたりもしました。つるべを使って汲み上げるのですが、これを延々とやらされるのです。

たぶん〝罰〟を与えているのだろうと子供心に思いながらも、どうしてこんな無意味なことをさせるのか、恐る恐る尋ねると、

「朝に百俵運び、夕に百俵運ぶ」

威厳を持った声で言ったことを覚えています。理解できませんでしたが、子供心に何となくわかったような気になったものです。

こうした親父を「明治男の一徹さ」と言えばそうかもしれません。しかし、いまこうして当時の父を振り返ってみると、また違った一面に気がつきます。私の推測でしかありませんが、父賢治は長いあいだサラリーマンをやっていましたし、それなりの立場にあったので、半農半漁の岩屋の人たちと自分の人生観や生活様式は違うといった、妙なエリート意識があったようにも思うのです。

そのことが、厳しい躾や教育の熱心さという形で表れていたのではないでしょうか。

たとえば、おやつにしても、ほかの子供たちは親から小遣いをもらい、駄菓子屋に買いに行って好きなものを買いますが、私は家で出されます。

学用品にしても、ほかの子供は自分の好みで買いますが、私の場合は親父がすべて買い揃えていました。

映画もそうです。まだテレビがなかった小学生時代、時代劇映画が全盛、よその家では、子供が観たいと言えば父親がお金を出してくれていました。しかし、わが家はそれは絶対に無理。時代劇は見せてもらえないのです。

そのかわり『ファンタジア』とか『青い大陸』とか、そんな洋画に父が連れて行ってくれていました。映画を観ること自体がだめだというのではなく、映画の内容ということなのです。

動物園に連れて行ってもくれるし、父と観る映画も楽しかったのですが、子供の私としてはどうしてもチャンバラ映画が観たい。それで私は母の金をくすね、もちろん父親に内緒で仲間たちとチャンバラ映画を観に行っていたのですが、あるとき父にバレてしまい、ブン殴られたことをよく覚えています。

あのモノがない時代、独楽《こま》は子供にとって大切な遊び道具で、この私を除いて、独楽を持っていない子は一人もいませんでした。子供の教育に必要のないものは一切買わない――そういう一徹な父に育てられたのです。

そういえば、当時、岩屋の子供はみんな坊主で、私ひとりが長髪でした。こういうところにも、家庭教育における父のこだわりがあったのではないでしょうか。

だから仲のよい友達もたくさんいましたが、長髪の私が気に入らず、他所者という意識を持つ子もいたと思います。たぶん、そんなこともあってのことだったのでしょう。原因は忘れましたが、チャンバラ遊びではいつも〝斬られ役〟の私が、五年生のときに一度だけ喧嘩をしたことがあるのです。立会人がつき、その子とは一対一でやりました。

結局、勝負なしの引き分けということになりましたが、翌日、立会人も含めて、先生に叱られ殴られたことだけは、いまも鮮明に覚えています。

「道彦、死ぬんじゃないぞ！」

殴られた数と同じだけ、父の愛情を背中合わせにして育ちました。

いや、いま振り返ってみてそう思うと言ったほうが正確でしょう。

あれは夏の日のこと――。

父と山に入って薪を取りに行くと、必ず母は、四人分の昼食弁当を持ってきてくれていました。家族四人で昼飯を食べ終わると、父は必ず私にこう言ったものです。

「おい、アイスキャンディーを買って来い」

そして財布から——いまも忘れませんが、十円札一枚と五円札一枚をとり出して私の手に握らせると、今度は母が空になった弁当箱を風呂敷にくるみ、私のベルトにくくりつけてくれます。弁当箱に四本のアイスキャンディーを入れて持ち帰るためです。

私は小走りに麓に駆け下りると、店で一本三円のキャンディーを四本買い、それを弁当箱にくくりつけ、三円のオツリを手に握り締めて、今度は全力で山を駆け上がっていきます。

「おい、急いでもどって来ないとアイスキャンディーが溶けてしまうぞ」

父にそう言われていますから、私も必死です。足を踏み出すたびに弁当箱の中でアイスキャンディーが右に左にぶつかってガタガタと鳴っていますが、そんなことに構ってはいられませんでした。

弁当箱を開けるとアイスキャンディーの形は壊れてはいますが、溶けてはいません。欠片になったアイスキャンディーを家族四人が指でつまんで食べるのです。

そのときの父は満足そうな笑みを浮かべながら、弟の恒彦と私を見ていたものです。

あのアイスキャンディーはほんとうに美味しかった。

そういえば、母からこんな話を聞かされたことがあります。

私が岩屋へ来てまもなくのことだったといいます。

遊んでいて波止場から海に落ち、沖に流されたところを近くの船に救われたそうです。医者に連絡する一方、父は必死で人工呼吸をしました。

駆けつけた医者がカンフル剤を何本も打ったそうですが、それでも意識は回復せず、医者も、見守る人たちも、このまま死ぬと思ったと言います。

しかし父は私を裸にし、自分も裸になって、

「死ぬんじゃない、道彦、死ぬんじゃないぞ」

と一晩中、抱きしめていたそうです。

このときのことを母は振り返って、

「お父さんのおかげで、あなたは助かったのですよ」

と言いながら、

「だからね、お前は一度死んだ身なんだからめったなことでは死なないわよ」

と繰り返したものです。

のち、私は死線をさまよう大病を何度か経験することになりますが、いまもこうしていられるのは、あの日の父のおかげということになるのでしょう。

家族で神戸に買い物などに出かけると、父は決まって高級レストランへ連れて行ってくれま

した。これも父の「教育」の一環でした。

当時の私はそんなことは考えもしませんでしたが、洋食のフルコースを注文し、それぞれの席にセットされた何本ものフォークやナイフに手を伸ばしながら、

「料理が運ばれてくると、こうして外側から順に取っていくんだ」

といったようなことを教えてくれたものです。

こうした父ですから、食事のときに舌を鳴らして食べるとビンタ、お茶をすする音を立てると箸が飛ぶ——ということになるのです。

当時を振り返れば、父の怖さも、口うるささも、横暴とも思える価値観も、子供可愛さであることがよくわかります。親がわが子に手を上げるのは、社会人として恥ずかしくない人間に育って欲しいという願いが根底にあるからだと思います。

あるいは、きちんとした仕事に就いて、人並みの幸福な人生を送って欲しいという期待もあるでしょう。わが子が憎くくて手を上げる親はいないものです。

しかし、そのことを理解できる子供もまた、少ないのではないのでしょうか。小学生だった私は、厳格すぎる父をうらみました。

反抗したくても、怖くて反抗できない自分を不甲斐なく思ったこともあります。この忸怩《じくじ》たる思いが、男として成長していくきっかけとなるのではないでしょうか。

そして人生の曲折のなかで辛酸を舐め、一人前になって初めて父の気持ちが理解できる。「父親を乗り越える」とは、きっとそういうことを言うのだろうと思うのですが、私はいまだに父を越えることができないまま、生きています。

兄、そして弟の死

私が長男で恒彦が次男だと見られるのですが、実は私が次男で、恒彦は三男です。後二人の男兄弟がいましたが、兄と末っ子の弟は、幼い頃に他界しています。

「人生、なるようにしかならない」という私の処し方を自分なりに探っていくと、原点は兄と弟の二人の死に行きついてしまうのです。

母は、男ばかり四人を産みました。

四人兄弟の長男が明彦、二つ年が離れた次男が私、三男が恒彦で、四男が正憲です。

正憲は岩屋で生まれていますから、両親は三人の子供を連れて安来市から岩屋へ転居してきたのです。

長男の明彦は転居直後、小学二年生で亡くなりました。栄養失調が原因だったと聞いています。終戦から二年、日本中が飢えていた昭和二十二年のことでした。芋の蔓《つる》を食《は》みながら、その日を必死に生きた時代です。食糧は配給でしたが、それだけではとうてい足りず、都会に暮らす国民の多くは違法のヤミ米で生き延びたといいます。

当時、山口良忠という裁判官が毅然としてヤミ米を拒否し、餓死した事件があります。ヤミ米で起訴された人間を裁く立場の自分が、ヤミ米を食べるわけにはいかないというわけです。この事件を、のちに私は歴史の勉強を通して知るのですが、山口判事の清廉《せいれん》で潔《いさぎよ》い生き方に感動したものです。

兄の明彦が亡くなるのはそうした時代だったとはいえ、父も母もさぞかし無念だったと思います。安来市の実家にとどまっていれば、という思いが母にはあったでしょうし、父は父で、満足に食べさせてやれなかったことに無念の思いを噛みしめたことでしょう。

つい昨日まで一緒に遊んでくれていた兄が息をしなくなり、両親が取りすがって慟哭《どうこく》しています。そして火葬に付され、白い骨になってしまう。

私は当時、六歳。死というものの意味を理解するには幼すぎましたが、人間というのは、ある日突然いなくなってしまうのだという〝不思議な思い〟だけ深く心に刻まれたように思います。

六年後、幼稚園に通っていた四男の正憲が亡くなります。病死です。

末っ子ということもあって、かつての私のように甘えん坊で、正憲は母の背中におんぶされるのが大好きでした。私とは六つほど年が離れていますから、兄弟同士でケンカすることもなく、私は正憲を可愛がっていました。

その正憲が亡くなったのです。これには激しいショックを受けました。私は六年生になっています。死の意味もわかります。お骨になった正憲を見て、六年前、白い骨になった長男の兄明彦のことがフラッシュバックします。正憲の死に直面して、明彦の死というものも理解したのでした。

母は倒れ、寝込みました。わずか六年間のうちに二人の子を亡くしたのです。親が、わが子の死を弔《とむら》うことを逆縁と申しますが、これがどれだけつらく悲しいものであるか、私は親になって初めて、このときの母親の気持ちがわかったのです。

私も勉強も手につかず、日がなぼんやりとして過ごしました。

人間はいつか必ず死ぬ。いや、死ぬということ自体よりも、どんなに愛そうとも、あるいはどんなに愛されようとも、人間の思いや願いとはいっさい関わりなく、死んでいくときは死んでいくという、この厳然たる事実に心が揺さぶられていました。

なるようにしかならない――。人間も人生も結局のところ、この一語に尽きるのではないでしょうか。だから努力しなくていいと言うのではありません。

都合のいい期待をしないという戒めであり、どんな現実をも甘受する。そういう意味において、決して受け身ではないと私は考えるのです。

兄弟と会いたい時、話をしたい時、なぜか故郷の青い海や、お墓のある小高い丘、境内のソテツの葉をゆらす風音などを目に浮かべながら一人唱歌「故郷」を口ずさむことがありました。

三田学園

父の厳格な躾や教育観は、私の中学進学に際して具体的な形となって示されました。

六年生の、確か秋の午後だったと思います。

「道彦、ちょっと来なさい」

父に呼ばれて緊張しました。今度は何を怒られるんだろう。ここ数日の悪事を反芻しながら、一階の庭に面した座敷に入っていきました。顔をうかがい、柔和な表情に安堵したのも束の間、次の言葉に唖然としたのです。

「中学は淡路島じゃなく、向こうの中学に行かんか」

「向こう」とは、明石海峡を挟んで三キロほど先の明石や神戸のことを言います。高校生であれば、明石や神戸の学校に連絡船で通う生徒は少なくありませんでしたが、中学生となると別で、めったにいませんでした。

　そして父は、兵庫県三田市にある中学・高校一貫教育の男子校「私立三田学園」の名前を出して、説明しました。この学校は明治四十五年創立で、摂津国三田藩「造士館」の流れを汲む文武両道の伝統校だ――といったようなことを話しました。父の恩師が、この学校に勤めているとも言っていましたが、寝耳に水の私は気が動転して返事もできなかったように思います。

　要するに父としては、親元を離れ、寮生活をすることで自立心や独立心が養えると考えていたわけです。

　母も、父の教育方針には反対ではありませんでした。〝母親っ子〟で、甘えて育っただけに、寮生活をさせることは私のためにもなると考えていたようですが、

「でも、中学から行かなくても」

と、やんわり反対をしたのです。

　結婚以来、夫に異を唱えることのなかった母にしてみれば、初めての抵抗だったのではないでしょうか。父も、これには驚いたようです。

　二人の子供を亡くしている母は、私をまだ手元においておきたかったのでしょう。

「三田学園に入るのは、もう少し大きくなってからでもいいんじゃないですか」

母の言葉に、父も感じるところがあったのでしょう。黙ってうなずいたのでした。

こうして私の三田学園入学はひとまず見送られたのです。私は父に悟られないよう安堵の溜息をついたものです。

そして、中学三年生の三学期――。

「道彦、三田学園へ転入するぞ」

突然、父が言い出したのです。

青天の霹靂《へきれき》でした。

地元の中学に入ってから三年というもの、父はことあるごとに三田学園のことを口にしていたので、高校は三田学園になるかな、という思いはありましたが、なぜいまこの時期に……。

中・高一貫校ですから、高校へ入学する前に寮生活を経験させ、馴れさせておくほうがいいと考えたのかもしれませんが、私は当惑するばかりでした。

そうかといって、父に逆らうことなどできるはずがありません。

今度は、母も父に反対はしませんでした。夫婦で話し合って、結論が出ていたのかもしれません。

私は心細くて、泣き出したくなったものです。

家族や友達たちが集まって送別会を開いてくれました。友達とは本当にありがたいものです。

チャンバラごっこをした幼なじみが励ましてくれます。六歳で転居してきてから八年間を、この岩屋で過ごしました。

七十を越えている私の人生からすれば八年は短いものですが、小学校一年生から中学三年生まで多感な年代をこの地で過ごしたのです。自分という男は、岩屋で培われ、明石海峡で揉まれ、そして今日があるのだと思います。

人間心理の不可解さとでも言うのでしょうか、送別会では泣き出したいほど心細いのに、一方で、兵隊さんになって戦地に出征していくような晴れがましい気持ちと、大人への階段をこうして登っていくんだ、という誇らしい思いを感じていました。

昭和三十二年の年明け早々、私は父と一緒に岩屋港から明石港へ向かうフェリーに乗り込みます。

明石海峡を渡る冬の風を思いっきり吸い込み、新しく始まる生活に高揚感でいっぱいでした。こうして私は中学三年の三学期から高校三年まで、三田学園の寮で過ごすことになるのです。

上級生の鉄拳

三田学園のある兵庫県三田市は、六甲山地の北側に位置する山あいの盆地で、近くに有馬温泉があります。

神戸から電車で一時間足らずと近いため、近年は急速な宅地開発が進み、農村と都市の二つの顔を併せ持つ田園都市と呼ばれています。

内陸部に位置することから気温の寒暖差は比較的大きく、小高い丘に建つ学園は夏は暑く、真冬は冷たい六甲おろしが吹きつけます。

一学年五クラスで、一クラスが五十人。通学生と寮生が半々ぐらいだったでしょうか。寮の部屋は十二畳ほどで二人部屋。寮生活は厳しく、上級生によく殴られました。

上下関係がハッキリしていて、風呂でも何でも上級生から順番です。しかも寮生活は、喧嘩に強くなければどうしようもない。弱い奴は何から何まで雑用をやらされ、強い奴は何もしなくていい。これが寮生活です。

その頃の私は喧嘩が弱く、団体生活も初めてなら、先輩に対する接し方も知らない。途中で入寮ですから、仲間も友達もいない。

帰宅が許されるのは月に一回。泣きはしませんでしたが、親元から離れた寂しさと、団体生活への不安で涙ぐんだことはあります。自分が望んで転校したわけではなく、どうして自分がこんな目に遭わなければならないのかと、このときは父を心底、憎んだものでした。

わが子に夢を託すという親の気持ちは、いまの私にはよくわかります。ことに男の子ともなれば、父親の気持ちとしてはなおさらでしょう。しかし、「託した夢」は父親のものであって、子供のものではない。ここに齟齬《そご》が生じるのかもしれません。

父は、私に自分の夢を託したのだと思います。いや、父だけでなかったでしょう。

あの餓えの時代――昭和二十年八月十五日、ラジオを通して全国民に敗戦を告げた昭和天皇の玉音放送を聞いて以来、男たちはこの国の将来に不安を持ち、その日の糧を求め、生きることに必死でした。父もまたその例外ではなく、私たち子供をいかに食べさせていくか、いかに家族を守るかに懸命になっていました。

時代への怒りもあったと思います。石油、石炭、鉄鋼など、さまざまな事業に手を出して失敗もしました。大きな会社でしかるべき立場にあった男が、結局、家族を養うため、最後は故郷の漁師町の小さな洋品店の主人におさまってしまう。

自分の人生に将来の夢が描けないと悟ったとき、男は我が息子に夢を託すのかもしれません。将来、社会へ出て活躍するような人間になるためには、教育をつけさせなければならない。漁師町の学校ではだめだと思ったのでしょう。

私を三田学園へ入れた親父の気持ちは、いまはよくわかりますが、子供だった当時の私には親の横暴にしか思えませんでした。

父への反発と、あれほど怖かった父から解放されたことで、「どうにでもなれ」と、私はやがて不良の道に入っていくことになります。

不良の日々

三田学園は勉強熱心な子がたくさんいましたが、寮生は親元から離れているという開放感もあって、バンカラで不良っぽい生徒もいました。

父というタガが外れた私は、当然のように彼らと外で遊ぶようになっていきます。

寮生活は喧嘩の強い者にとっては天国で、弱い者には地獄です。

柔道が体育の正課でもあったことから、私は強くなりたい一心で、放課後も柔道の稽古を熱心にやりました。柔道は親父に命じられて、小学校六年生のときから警察の道場に通っていましたので、すぐに頭角を現し、高校生になると寮生活は〝天国〟でした。

父は文武両道のつもりで柔道を習わせたのでしょうが、私にとっては〝ケガの功名〟のようなものでした。

喧嘩はしょっちゅうやりました。

高校三年のときには、もっと喧嘩が強くなりたくて、学校の近くにあった空手道場に入門します。これが結局、大学の空手部、日活への道につながっていくのですから、人生というやつは本当にわからないものです。

不良仲間は私を入れて五人グループでした。このなかに柔道三段が二人いて、二人とも県内の大会で活躍していましたが、国籍の関係で国体に出られず、そうした鬱屈もあったのでしょう。

喧嘩は他校のグループとやるのですが、当時の私たちのやり方は、双方から代表者を一人出して勝負し、勝った方が落とし前をつけるというものです。負けた方は、時計であったり、お金であったりを支払うわけです。私たち五人グループはどこへ行っても本当に無敵だった。

少しばかり勉強のできる学校でしたから不良のレッテルを貼られて、先生たちにニラまれます。それがまた気にくわなくて、悪さをする。隠れてタバコを吸い、好きでもないのに、四、五十円で売っていた合成酒を飲んだりしました。

寮には寮監がいますから、風邪だと仮病を使って授業をサボったり、通学生の弁当を脅して食ったり……。腹が減ると寮を抜け出し、近くにあった農業高校の果樹園に忍び込んでスイカを盗んで食べます。そういえば、鶏を盗んで焼いて食べたこともありました。

ひどいものでした。

友達と女の子二人に声をかけて、デートに行った映画館で初めて女性の胸に触わったのもこの頃でした。

翌日、授業を受けていても、柔らかい感触が手に残っていて一日中、ボーッとしていました。寮の門限は六時だったので、点呼が終わってからその子を寮の押し入れにそーっと引き込んだりしもしました。寮は小高い丘の上にあるため、人の出入りがほとんど目立たないし、彼女も大人びた子だったので、そういうことをするのは抵抗がなかったのです。

ただ、女の子と付き合うにはお金がかかります。映画を観たり、お好み焼きを食べたり、宝塚の遊園地で遊んだりで、お金がいる。それで、たいした金額ではありませんが、若気の至りで他校の不良を呼び出して恐喝《カツアゲ》のようなこともやりました。

退学にならなかったのは、父のかつての恩師が尽力してくださったのかもしれませんが、謹慎、停学はしょっちゅうでした。そのたびに母が岩屋から学校に呼び出されます。

母は何も言いませんでした。それだけに、すまないという気持ちになるのですが、反抗期というやつなんでしょう。すまないと思う自分が腹立たしくなったものです。

母につらく当たったこともあります。

「頼みもしないのに産みやがって。小遣いをよこさないのは親じゃねぇ」

と言って、母の着物を箪笥《たんす》から持ち出して売り飛ばしたこともありました。

子供二人を亡くし、慈しむようにして育てた〝長男〟から、そんな悪態をつかれることがあろうとは……。あのときの母の気持ちは、いかばかりだったでしょう。〝母親っ子〟で育った私が、よくもそんな酷《むご》い口がきけたものだと、あの日の自分を振り返ると恥ずかしさと、申しわけない思いとで、胸が熱くなるのです。

反抗期という一語で片づけるには、あまりにむごい言葉でしたが、母は怒りもせず、嘆きもせず、小言の一切も口にせず、

〈お父さまには内証ですよ〉

と走り書きをして、小遣いを寮に送ってくれるのです。

〈タバコだけは買わないで下さいね〉

という一文を添えて。

しかし、その頃の私は母の気持ちを考えることもなく、お金ができると、仲間たちと神戸の繁華街に出て、遊んで、そして憧れだった石原裕次郎の映画を観ていたのです。

父の手紙

颯爽とした〝石原裕次郎〟は、とにかくカッコよかった。

建て前の大人社会に反逆するというのか、真っ昼間のビールが象徴するように、大人が押しつけたモラルなどの既成概念を打ち破る爽快さがありました。

封切りされるとすぐ観に行ったものです。石原裕次郎に熱を上げたのは私だけでなく、当時の若者にとって絶対的なヒーローだったと思います。

やがて、弟の恒彦が中等部に入学してきて、私と同じように寮生活を始めますが、恒彦は真面目で勉強ができました。入試の成績が確か二番とか言っていたように記憶しています。また、私は人前に出るのが苦手な人間ですが、恒彦は校内の弁論大会に進んで出場するなど、性格が真反対でした。当然ながら「渡瀬兄弟」は先生たちに比較されました。

「少しは弟を見習ったらどうだ。弟はあんなにできるのに」

と、よく言われたものです。

恒彦も喧嘩は強かったけれど、三田学園では喧嘩することはなかったようです。私の弟ということで、弟に手を出す人間はいなかったはずです。そういう意味では、あいつは私を兄に持って得をしたということになります。

三田学園での悪童ぶりが、やがて父の耳に入っていきました。

父にしてみれば頭をかかえたことでしょう。大きく期待を裏切った息子ですから、これでは何のために手元から離したのかわからなくなったでしょう。それに高校生ともなれば、小学校時代のようにビンタを飛ばすわけにもいかない。

昭和三十二年九月、高校二年の夏休みを終えて帰寮した私に父から手紙が届きました。

〈――あれを考え、これを思い、眠れない。午前三時床を出て階下に降りた。この手紙は三時から書いたのである。父は今、お前のことを非常に心配している。三十一日に三田へ帰る時、乗船は午後三時と父と約束しておきながら、午後四時発の船に乗った。意思の弱い（父はそう思う）お前は悪友との話しあいで父との約束をやぶったように思う。夏休み中のお前の行動を父はすべて知っていたが、黙ってじっと見ていた。

ビールを飲みに行ったことも、タバコを吸っていることも、もちろん知っている。多少の行き過ぎはあっても、人間さえしっかりしていれば心配はないと思うが、昨今のお前のような甘ったれた根性では、今後のことが心配で父は眠れない。

太陽族などと呼ばれる石原裕次郎がいま世に名をあげている。だからのんきにやっていれば、裕次郎のように名をあげられるというようなことを、まさかお前は考えてはいないであろう。

無数の道楽息子の中の一人が、時流に乗って偶然に名をあげた、宝くじを買うようなことをお前が考えているとは思えない。乗船する時のお前のポロシャツに下駄履きという服装を見て、父は悲しくなった。人間は服装によって心の持ち方が変わる。

言うまでもなく、学生の本分は勉強である。勉強をしておかなければ、ろくな人間にしかなれぬ。また人を頼ってはならぬということをお前はよくわかっているはずだ。父が無一文から今の仕事を始める前、生活に困ってお前と恒彦を連れて山へ薪を取りに行ったことを覚えていると思う。

仕事を始めるにしても、これなら大丈夫と思わなければ銀行も金は貸さない。親類もあてにしてはならぬ。他人もしかり。結局、自分のことは自分でやらなければならない。孔子様でも〝四十にして惑わず〟と言っておられる。まして凡夫は十分注意せねばならぬ。

父と母は片時もお前たちのことを忘れてはいない。昭和十八年に日立製作所を辞めて呉から引き揚げて来たのも、お前たちに十分食べさせてやりたかったためである。ところが岩屋へ帰ってから昭和二十六年までは不幸であった。世は物資不足。金のない時に明彦が世を去った。店を始めて基礎作りに懸命になっていた時に正憲が死んだ。

共に無念で憐れである。

残った二人がお前と恒彦。それなのにお前が今のようでは父は眠れない。こう書いてくると、お前はまったく悪い子のように思えるが、決してそうではない。迷いの雲が一時的にお前を包んでいるだけに過ぎぬ。考えなさい。お前が真面目な人間になる努力をしないならば、今後、学資は送らない。お前の好きなように世を渡りなさい。悲しいことだけど、しかたがない。父は母と共に恒彦一人に希望をつないで生きていこう。

　最愛の道彦よ、考えよ。

　　　　　　　　　　九月二日　賢治〉

便箋ではなく、四百字詰め原稿用紙に万年筆でびっしりと三枚書かれていました。いまもこうして大切に取ってあるのは、よほど心にこたえたのでしょう。


父は、石原裕次郎そのものというより、出演した映画で代表される「太陽族」といった無軌道な若者が嫌いだったのでしょう。

手紙に持ち出した孔子は、ご承知のように仁・義・礼・智・信を説いた儒教の始祖ですが、父はそういったものを私に求めていたことが、この手紙でよくわかります。

ところが、当の私は裕次郎に夢中になっている。しかも不良をやっているとなれば、父が裕次郎を批判するのは当然だったでしょう。

　そんなわが子が数年後、まさか「第二の石原裕次郎」というキャッチで映画デビューするとは、夢にも思わなかったでしょう。いまこうして人生の転機を一つひとつ振り返って見るにつけ、人生は自分の意志ではどうにもすることができない不可思議のものであるということがよくわかります。

浪人、そして青山学院大学へ

父の手紙で、いつまでもバカやってられないな、という思いが脳裏をかすめたことは確かです。ここで、一夜明けたら改心していたということになれば美談にもなるのでしょうが、相変わらず不良気取りの無頼な生活が続き、修学旅行も外されてしまうのです。

その頃の私の生活ぶりからして当然でしょう。

そして、高校の三学期。卒業してどうするのか、進路を考えなければならない時期を迎えましたが、「将来の夢」といったものはまったくありませんでした。小学校の頃は、なりたい職業といえば、お巡りさんとか、バスの運転手、電車の車掌など普通の子供と同じようなことを考えていましたが、高校生のときは何も考えなかった。

不良気取りの気ままな高校生ですから、大学進学は最初《ハナ》から念頭にありませんでした。人づきあいが苦手なので、サラリーマンはよして、板前かコックになろうかと漠然と思っていました。

そのことを父に伝えると、

「とりあえず大学は出ておきなさい」

と言われ、深く考えることもなく進学を決めたのです。

実はこのとき、父は関西大学の文学部長と親しいというので、関西大学を受験することになったのです。父に連れられて、宝塚市にあった教授宅に挨拶にも行きました。これで父もひと安心ということだった思いますが、受験は失敗します。試験が始まってから三十分間は退室してはいけないことになっていたのですが、ものの十分ほどで答案用紙を提出し、試験官の制止を無視して教室から出て行ってしまったのです。不良気取りが抜けず、進学に対して本気になっていなかったのでしょう。

昭和三十五年二月のことで、この年の一月、自由民主党の岸信介が渡米して安保改定が調印されます。国内は安保反対で騒然とし、反対闘争が激化した六月、国会周辺のデモにおいて東大生の樺美智子さんが警官隊と衝突して亡くなります。こうした世相のなかで、私は大学浪人となり、淡路島から灘市にある予備校にフェリーで通い始めるのです。

不良気取りは、青春時代の麻疹《はしか》のようなものかもしれません。男として、いまの日々をなんとかしなくちゃいけないな、という思いがあり、相変わらず映画を観たり、繁華街をブラついてはいましたが、受験勉強もしていたのです。

しかし、これはやはり私の性分なのでしょうが、行きたい大学があったわけではありません。

東京に出たいという思いがあったわけでもなく、たまたま仲間が東京の大学を受けるというので、そうしたに過ぎません。大阪の大学だって、どこだってよかったのです。青山学院、立教、慶應の三校を受験することにしましたが、これもなんとなく決めただけです。なんとなくがナマケモノの、私らしい。試験の日取りは青学が一番早く、慶應と立教を受験する前に合格通知が来たので、両校は受験しないで青学に入ったのでした。

深く物事を考えることなく、流れに身をまかせていく私ですが、そうもいかないことが一つありました。高校時代から一つ年下の女の子と付き合っていて、彼女をどうするかという問題です。彼女は郷里で働いています。遠距離恋愛です。結婚したいと思っていましたし、彼女もその気でいることは、切々と訴える手紙でわかっています。卒業まで待つのか、それとも……。私は大学一年生の秋口、彼女とのことで騒ぎを引き起こすことになるのです。

「東京で一緒に暮らそう」

青山学院大学に入学した私は空手部に入部しましたが、本当はボクシング部に入りたかったのです。石原裕次郎の映画に感化された私は、ボクサーに対して、都会的な、ちょっと不良っぽいイメージを持っていて、それに憧れたのです。

しかし、父は、

「ボクシングと登山だけは絶対にだめだぞ」

と繰り返し、私に言っていました。

登山は遭難の危険がありますから、わが子を二人も亡くしている父にしてみれば当然だったでしょうし、ボクシングはやはり、これまで危惧してきた「石原裕次郎」だったと思います。多少とも父の気持ちを理解する年齢になって、高校三年から習い始めた空手部に入ることにしたのでした。

当時の青学空手部は関東の強豪校で、それだけに上下関係も厳しいものがありました。昼食どきになると、学生会館の地階にある食堂から、空手部の部室がある三階まで先輩の食事を運ぶため、階段を何回も上がったり下りたり。冷めないように急ぎ足で、こぼさないように細心の注意を払います。

合宿は春と夏の二回ですが、徹底的にシゴかれたものです。

千本突き、千本蹴り、そして先輩との組手……。唇を切って血を流すのは当たり前で、先輩の突きで前歯を飛ばされた一年生もいました。身体はガタガタになって、トイレでしゃがむこともできませんでした。

つらくはありましたが、いまにして思えば、こうした経験はありがたかったと思います。極限まで自分を追い込む激しい稽古は強靱な精神力を養ってくれます。

上下関係の厳しさを通して、長幼の序という日本古来の美徳を叩き込みます。さらに敗者を思いやる「惻隠《そくいん》の情」といったものを空手部で学んだと思います。


夏休み、それも空手部の稽古が休みに入ったときを見はからって帰省し、彼女に会います。新幹線はまだ開通していませんから、明石までは遠く感じたものですが、それだけに恋い焦がれる気持ちは強くなるもののようです。

友人の紹介で知り合った女性で、色が白く、小柄で可愛い子です。高校時代はお金もないので、デートはもっぱら喫茶店でした。

たまに映画に行ったり、埠頭を散歩したり、夜の六甲山から神戸の街明かりを眺めたり……。東京と神戸では、それは叶わぬことです。

こうなれば、彼女と結婚して東京で暮らすしかない。卒業まで待てない以上、結論はそれしかありません。私は決意し、実家にもどって両親に彼女との結婚を告げると、

「学生の分際で結婚とは何事か！」

父は烈火のごとく怒り、母はオロオロしています。賛成してくれるとはもちろん思ってはいませんでしたが、頭ごなしに怒鳴りつけられ、私はカッとなって、家にあったお金を黙って持

ち出すと、彼女を呼び出し、

「東京で一緒に暮らそう」

と言いました。

彼女は喜んでくれ、そして静かに首を横に振りました。彼女は幼いときに両親を亡くし、祖父母に育てられていました。

「老いた二人に恩を仇で返すようなことはできない――」

涙を浮かべて、そう言ったのでした。私に返す言葉はありませんでした。

それから数年後、彼女は見合い結婚をしたと風の頼りに聞きました。

三人の子供に恵まれ、祖父母と一緒に暮らし、その死を看取ったといいます。

妻、俊子との出会い

彼女と別れた私は、ますます空手の稽古にのめりこんでいきます。それに金もない。女の子を追いかけまわしている暇などありませんでした。青学の女の子たちは、背広をパリッと着ていないと男とは見ませんから、空手部のバンカラなんて鼻にも引っかけない。それでも女性には興味がありましたから、仕送りがくると仲間と遊びに行ったりはしましたが、そんな程度でした。

稽古は毎日なので、部費の足しにするため空手部としてバイトをすることはあっても、個人的には時間がなくて、いつもお金には困っていました。

そのうち弟の恒彦が大学浪人して、私のアパートに同居します。恒彦は早稲田と慶應を受けて、慶應には合格しましたが早稲田は落ちました。

慶應に行けと言ったのですが、恒彦は尾崎士郎の『人生劇場』に憧れていて、どうしても早稲田に入りたくて一浪し、翌年、希望を果たすことになります。成りゆきまかせで生きる、私とは正反対の男なのです。


あれは大学二年の冬ですから昭和三十七年十二月、彼女と別れて一年が過ぎた頃のことでした。青山学院の構内に校友会館（現在の青学会館）で、「青山阪神会」が開かれました。京阪神出身の学生による県人会のようなものです。こうした会に顔を出すのは苦手で嫌なんですが、後輩に熱心に誘われて、気が進まぬまま出席したのでした。

人前でしゃべるのは嫌いですから、自己紹介が始まったときは、来なければよかったと後悔しましたが、席を立つわけにもいかず、

「経済学部二年、渡瀬道彦です。淡路島出身。高校は兵庫県の三田学園高校。いま空手部にい

ます」

ぶっきらぼうにそんな自己紹介をした記憶があります。このとき、ひとりの女性に目をとめました。

それが石川俊子――私の女房です。

石川俊子は文学部二年。同学年ですが、私は一浪していますから彼女は一つ年下ということになります。先輩二人に誘われて阪神会に来たのだと言っていました。生まれは東京の葛飾ですが父親の転勤で神戸に移り、高校は神戸女学院ということでした。田舎者の私は、彼女の都会的な雰囲気に惹かれたのです。

後で知るのですが、俊子の父親は日本鋼管の重役をやっていましたから経済的にも恵まれていて、彼女はゴルフ同好会に入っていました。当時、ゴルフはお金持ちがやるものです。ましてゴルフをやる女子大生なんて、私から見れば別世界のお嬢様でした。

数日後、キャンパスで偶然、彼女を見つけたので声をかけました。人見知りはしますが、思い切って、ボクシングの試合に誘いました。

空手部の仲間と行くつもりで、たまたまチケットを二枚持っていたのです。初デートの誘いがボクシングとは、さすがに彼女も面食らっていましたが、ともかくオーケーということになり、渋谷の道玄坂にあった「リキ・スポーツパレス」で試合を観戦したのでした。

これがきっかけで、俊子と付き合うようになります。ボクシングの試合観戦ばかりではおもしろくないだろうと、ダンスパーティーや映画にも行きました。とは言っても、ダンスパーティーで私は踊ることは絶対にありません。みっともなくて人前でなんか踊れるわけがない。都会派の俊子はつまらなかったでしょうが、私はそういう男でした。

映画にしても、女好みのロマンチックなラブストーリーなんか見ないで、ヤクザものかアクションものばかり。しかも二人の席はバラバラで、並んで座ったことはありません。一緒に学校に向かって歩いていても、近くまで来ると、私はひとり反対側の歩道に渡ってしまいます。

そんな私を不思議がって、

「どうしていつもそうなの？」

と彼女が首を傾げたものですが、空手部の連中に見つかったら体裁が悪い――そういうことでした。彼女から見れば、私は〝異質〟の青学大生だったと思います。それでも、何となく気があったのでしょう。付き合いは続きます。

俊子の家庭は都会的というのか、オープンな雰囲気で、私は付き合い始めてすぐ自宅に招かれて、ご両親にお会いしています。その後も私一人で行ったり、空手部の仲間たちを連れて遊びに行ったりしていました。私は飲めませんが、行くと酒を出してくださり、お父さんの猛夫さんは楽しそうに飲んでらっしゃいました。

❖昭和40年9月18日、日活映画『あばれ騎士道』でデビューした渡哲也は、その年、日活撮影所の食堂で石原裕次郎と運命的な出会いを果たした。

満州で敗戦を迎え、長らくシベリアに抑留されていた方で、過酷な強制重労働について話してくださったりもしました。

お母さんの照子さんは、株式の売買で家まで建てたというすごい女性で、気っぷも良く、仲間たちを連れて遊びに行くと、一緒に麻雀卓を囲んだ後、手料理をふるまってくださり、部員たちに小遣いまでくれたものです。

俊子は週末になると、私のアパートにやってきて部屋の掃除をし、料理を作ってくれ、洗濯物は家に持ち帰って洗ってくれました。俊子も私も、仲間たちも、そして向こうのご両親も、私たちは結婚することになると思っていました。

付き合い始めて二年近くが経った昭和三十九年八月、私は夏休みを利用して俊子を郷里に誘い、両親に引き合わせました。父も、母も、俊子をひと目で気に入ってくれました。結婚することに障害は何もありません。後は私が就職をし、時期を見はからって挙式という段取りになるだろうと思っていました。

問題は、その就職です。日本航空の整備士の採用試験を受けて落ちたのですが、ひょんなことから日活にスカウトされます。私は俊子にも、俊子のご両親にも相談しました。

「誰にでも訪れるチャンスではない。是非やってみたらいい」

お父さんはそう言って賛成してくださいました。

こうして私は流されるまま、日活に入社するのです。役者で食っていくという気構えはもとよりなく、嫌になったら辞めればいいという軽い気持ちは、デビュー作『あばれ騎士道』で吹っ飛んでしまうのです。

そして、俳優「渡哲也」になった私は、日活の強い要請で、俊子とのことを表に出すこともなく、結婚するまでに曲折を経ながら実に八年の歳月がかかることになるのです。

第三章

日活

日活という「人生の分岐器《ポイント》」

人生は、なるようにしかならない。

この思いは、私が若い時分から一貫していだき続けているものです。

絶壁に爪を立てるような努力をしたからといって、必ずしも報われるわけではありません。

将来に夢を描き、頑張ってレールを敷いたところで、そのとおりにならないでしょう。

人生というやつは、風に翻弄される木の葉のように、ときに舞い上がり、ときに地上を這い、自分の意志と関わりなく曲折をたどるもののようです。

人生観などと言うと口はばったくなりますが、人生は切り拓くものではなく、目前の現実を甘受するものではないか――そんなことを考えるのです。

先に述べましたように私は六歳のときに長兄を、十二歳のときに弟をそれぞれ病気で亡くしました。

一つ屋根の下で仲よく暮らしていた兄弟が、ある日突然、この世から姿を消してしまう。幼い私には大きな衝撃でした。

人生は、なるようにしかならないといった覚悟の思いは、たぶん、その頃芽生えたのかもしれません。

そんな私ですから、人生というものに対して期待や、夢や目標といったものが希薄でした。十代の頃は、あれこれ自分の将来に思いを馳せるものですが、これといってやりたいことも、なりたいものもありませんでした。

子供の頃から、人前に出るのも話すことも苦手でしたから、口をきかずに黙々と仕事をこなす仕事であれば、何とか自分にも務まるのではないかと思ったのです。

父親にさとされ、青山学院大学に進学しましたが、将来を考えることがなく、四年間は空手部の稽古に明け暮れ、卒業後は日本航空の整備士にでもなろうと思っていました。

機械をいじるのが好きでしたし、人に煩わされることなく、自分ひとりでやっていける仕事がいいだろうと考えたからです。

しかし日本航空は、ものの見事に落っこちてしまいました。ショックもなければ悔しさもなく、

「ああ、落ちたのか」

と、そんなものでした。

就職難の時代ですから、これといって目標を持って受験する企業もなく、しかたないから就職浪人をしようかと、当人はいたってノンキなものでした。

ところが、その直後――。映画俳優としてスカウトされることになろうとは、まさに夢にさえ思わないことでした。

人嫌いで、人間関係に不器用で、人と交わらないですむ仕事に就くことばかり考えていた私が俳優だなんて、悪い冗談を通りこして、頭から拒否反応を起こしたものです。

そんな男が俳優になってもう五十年以上、経ちました。しかし、大勢の人の目の前で演技をすることは私にとって大きなストレスで、

「この仕事、本当は自分に向いてないんじゃないか」

という思いをずっと引きずっているというのが、偽りのない気持ちです。

昭和三十九年暮れ、私の俳優人生は、整備士の試験に落ちた数日後、アパートに届いた一通

の電報から始まります。

《アス　ライシヤサレタシ》

電報の差し出しは、映画会社の日活です。

縁もゆかりもありません。何のことだか意味がわからず、首を捻りながら十文字のカタカナを二度、三度、目でなぞったことを覚えています。

空手部の仲間が私に無断で浅丘ルリ子さんの相手役に応募したのです。

いったんは固辞しましたが、映画で観た憧れの裕次郎さんに会えるかもしれないと、日活に出かけたのです。

いま振り返れば、当の私がそうと気がつかないまま、電報を開封した、まさにこの瞬間、人生レールの分岐器《ポイント》が音もなく切り替わったことになります。

定まった行き先もなく、のんびりと鈍行列車の人生を歩むつもりでいた私は、望まぬままに、「俳優」という目的地に向かって静かに走り始めるのです。

大食堂でスカウト

新宿駅で京王線に乗り換え、仲間たちと調布にある日活撮影所へ行きました。お目当ての石原裕次郎さんがいなくてガッカリでしたが、せっかく来たのだからとオーディションは一応受けてから、撮影所の大食堂に行ってカレーライスを食べました。

すると、たまたま隣の席に、面接テストの審査委員席にいた一人が座っていて、

「話があるんだけど、ちょっと来てくれないか」

と言って、道路をへだてた俳優部という部屋へ私を連れて行ったのです。

その人は「スカウト委員会の者だ」と自己紹介してから

「俳優をやってみないか」

いきなり切り出してきたのです。

「浅丘ルリ子さんの相手役にはなれなかったが、俳優になれる素養がある」と何かと熱心に口説くのです。

即座に断ると、

「演技ならこれから勉強すればいい。劇団『民芸』の俳優教室に通わせるから」

「そういうことじゃなく」

と、私は性格的に俳優はできないのだと話し、今度のオーディションに応募したのは悪友たちがおもしろがって勝手にやったことで、遊び気分でやって来たのだということを説明しましたが、スカウト委員会の人は、

❖一人でコツコツとやれる仕事がしたい、と日本航空の整備士の試験を受けたが、不合格となった。しかし日活からスカウトされた。1万5千円という〝月給〟に魅力があった。

「大丈夫。それに――」

と、笑みを浮かべて、

「給料も払いますよ。月に一万五千円」

これには驚きました。

当時、公務員の初任給が二万円を少し超える程度ですから、貧乏学生の私にとって一万五千円は大金です。

この不景気では当面、就職は難しいでしょう。

取りあえず俳優教室へ通うということにして一万五千円をせしめ、後のことは先に行って考えればいい。嫌なら辞めればいいことだと、はしたない考えを持って自分に言い聞かせました。

一万五千円というのは、それほど魅力的だったのです。

それに、親に対する思いも少しはあったと思います。大学まで行かせて、やっていることといえば空手かマージャン。

おまけに就職先もない。仕事は何であれ、働いて稼ぐという姿を親に見せたいという気持ちもあったのでしょう
こんな不良息子でも、心のどこかには親をちょっとでも安心させよう、なんていう気持ちがありました。

俳優が適性だとは思ってないし、俳優になれるとも思ってないし、またなろうとも思ってはいませんでした。

とにかく、親に対して形を付けなきゃいかんな、と思っていただけだと思います。そういうことからも、一万五千円という〝月給〟に惹かれ、

「じゃ、お願いします」

と、頭を下げることになりました。昭和四十年の暮れのことです。

毎月二十五日になると、日活へ行って一万五千円をもらい、それで仲間たちと焼き肉を食べたり、飲み歩いたりするのですが、研修期間の四カ月の内、俳優教室である「民芸」に通ったのはわずか三回だけでした。

サボったというより、劇団というものに馴染めなかったのです。

役者で食っていくという気持ちがあれば別だったのでしょうが、そんなものはまったくありません。

ですから、繰り返しますが、こうしたい、ああしたいという夢も目的もなく、流されるままに不真面目な俳優志望者を続けていたのです。

それでもデビューの日はやって来ます。

スカウトされて四カ月が経った昭和四十一年三月、宍戸錠さん主演の『あばれ騎士道』に出演することになったのです。

宍戸錠さんの役は、暴力団に八百長レースを強いられるオートレーサーで、その弟役が私。殺された父親の死の原因を兄弟二人であばいていくというアクション映画です。芸名は、本名の渡瀬道彦から「渡」の一字をとり、弟役の名前である「哲也」を組み合わせて、「渡哲也」と決まりました。

芸能マスコミへのお披露目では、五枚重ねのカワラを割って見せました。

若手のアクションスターを作るという日活の営業方針もあって、芸能誌やスポーツ紙は《映画界待望の新星のデビュー》と大々的に書いてくれました。

私は不安でした。一万五千円というお金の魅力に惹かれただけで、俳優としてやっていく決意もないまま、あれよあれよでデビュー――、そんな思いだったのです。

演技なんて、子供の頃に学芸会でちょっとやったきりです。

『民芸』の稽古は三回だけ。さすがに不安になって、台本を渡されると、すぐに私のセリフのところに目を通しました。

安堵しました。たいして長いセリフもありませんし、難しい言い回しもない。これならすぐに暗記できます。

それでつい、たかをくくったのです。

撮影現場で、拍子木《カチンコ》が鳴るまでは――。


「俳優なんかやっていられるか！」


セリフは撮影所の指導員がついて、あれこれ教えてくれます。頑張って暗記もしました。

成りゆきまかせの生き方であっても、人さまに迷惑をかけるわけにはいきません。自分なりの努力はすべきです。

演技の巧拙はともかくとしても、自分のセリフくらいは覚えていかなければならないと思ったからです。

昭和四十年三月六日封切りの『あばれ騎士道』の撮影に入ったときです。

「ヨーイ、スタート！」

小杉勇監督の掛け声と同時に、

――カチン！

カチンコの乾いた音が鳴ってカメラが回り始めたとたん、身体がこわばってしまって金縛りになり、セリフが出てこないのです。きちんと暗記しているにもかかわらず、口から言葉が出てこない。

仕上がった作品を観ると、セリフは棒読みで、本を読んでいるような感じで、すっかり落ち込んでしまいました。

演技ができない、セリフは棒読みですから、そっちばかり神経がいってしまって、いまどういうシーンを撮っているかもわからなくなってしまう。正直言って、嫌になりました。

しかし日活は、「第二の石原裕次郎」ということで私を売り出しています。自分には俳優は無理だと思いつつも、組織という歯車がいくつも連結しながらまわり始めています。『あばれ騎士道』から一カ月後、四月公開の第二作『青春の裁き』では主役を演じることになります。改めて数えてみますと、デビューからわずか二年で十七本の映画に出演しています。

（自分には俳優は無理だ）

と思いながらも、次から次へと作品が用意されていて、まるでベルトコンベアに乗せられているような気分でした。監督の言うがままに、「寝ていろ」と言われれば寝ていたし、「口笛を吹け」と言われれば吹いていた。粗製濫造《そせいらんぞう》と言っては失礼だし、監督やスタッフにしてみれば一作ごとが真剣勝負でしょうが、私の映画は興行的にはヒットはしなかった。

責任の一端は私にあります。演技のヘタさ加減には自分であきれるほどで、それだけに日々、イライラがつのっていきました。

デビューから八カ月ほどが経ったある日、ついに爆発してしまうのです。

ちょっとしたことで宣伝部員とトラブルになり、高飛車な彼の物言いにキレて、顔面に突きを入れてノシてしまったのです。その後所長のところへ行き、「やってられない！」とテーブルを引っくり返してお恥ずかしい騒動を起こしたのです。

「キミには宣伝に金がかかっているんだ。もう少し頑張ってくれないか」

そう言って所長は私をなだめ、言い聞かせました。

日活の立場はよくわかります。私が辞めれば、関係する多くの人たちにご迷惑をおかけすることになります。

私も男として後足で砂をかけるようなことはできません。こうして辞めることを思いとどまり、やるしかないと自分を奮い立たせたのでした。

しかし、人間の心というのは正直なものです。頑張ろうとすればするほど、苦痛になっていくのです。そのうち撮影所に行くこと自体が苦痛になっていきます。何とか撮影所に行っても、今度は大食堂に入れない。人と顔を合わせるのがつらかったのです。

日本航空の整備士の採用試験に落ちたのは、つい前年のことです。自分が映画俳優になることがあろうとはつゆほども思いませんでした。

まして、演技のことでこれほどの苦しみを味わうことになろうとは……。

人生の光明と闇は常に一寸先にあるのだということを、いま振り返ってつくづく思い知らされるのです。

そんな私が、曲がりなりにも俳優を続けられたのは、石原裕次郎さんのお陰です。石原裕次郎という大きな存在がなかったなら、「渡哲也」という俳優はとっくの昔に消えていたかもしれません。

石原裕次郎との邂逅

芸名が「渡哲也」と決まり、ニューフェイスとして私のデビューが決まってからのことです。調布の日活撮影所に行くと、宣伝部の人が私を連れて挨拶に回ります。

これが「引き回し」というやつで、新人俳優の〝儀式〟です。所長室から始まって監督部屋、俳優部屋、メーク室と回って、大食堂に連れて行かれました。

この大食堂は、私がオーディションを受けた後カレーライスを食べていてスカウトされたところです。スクリーンでしか観たことのない人気俳優の方々が食事したり、談笑したり、スタッフと打ち合わせしたりしていました。

宣伝部員に紹介され、主だった俳優さんたちに挨拶してまわります。

「初めまして。今度、入った渡哲也です」

姿勢を正して丁重に頭を下げます。先輩は絶対――という空手部の出身ですから、両手の指先をズボンの縫い目に当てて真っ直ぐ伸ばし、最敬礼します。

「あ、そう」

「まあ　頑張れよ」
五、六人ほどに挨拶させてもらいました。みなさん素っ気ない態度でしたが、大学の体育会では四年生が「神様」で、一年生は「奴隷」と呼ばれるほど上下の厳しさは徹底しています。
そういう世界に育った私ですから、海のものとも山のものともわからない新人俳優など、大御所が歯牙にもかけないというのは理解できます。

「あ、そう」と、顎で挨拶され当然だと思いつつも、正直言って、あまり気分のいいものではありませんでした。

手近な俳優さんから順に挨拶してまわり、最後が石原裕次郎さんでした。裕次郎さんは窓際近くの丸テーブルに陣取り、スタッフたちと一緒に食事をしてらっしゃいました。真っ昼間なのに、ビール片手にカレーライスを食べています。

大ファンだった私は、石原裕次郎さんが昼間からビールを飲んでいるということは週刊誌で知っていましたので、

（なるほど、記事に書いてあったとおりだ）

と感心したものです。

どの俳優さんに対してより緊張しながら、

「初めまして。今度入った渡と申します」

と挨拶すると、裕次郎さんは手にしていたグラスをテーブルにもどし、ニッコリ笑って立ち上がりました。

「キミが渡君ですか。石原裕次郎です」

と言って握手の手を差し出し、

「頑張って」

と言って私の肩をポンポンと二回ほど軽く叩いて励ましてくださったのです。

あのときの感激は生涯忘れません。

緊張してコチコチになっている私への、やさしい気遣いだったのでしょう。スーパースターが、一介の新人俳優にそこまでしてくれる。

立ち上がって握手までしてくれたのは、裕次郎さん、ただ一人でした。

❖日活映画デビューから7カ月、憧れの大スター石原裕次郎と『泣かせるぜ』で初共演を果たした。2人の時代が始まった。

大スターがここまで礼をつくしてくれたことに驚き、感激したことを昨日のことのように憶えています。

日活に入社した私は裕次郎さんを慕い、裕次郎さんも「哲」と呼んで可愛がってくださるようになっていきました。

のち、裕次郎さんはこんなことを語ってくれています。

「哲とは、昔の日活の食堂で会ったのが、最初ですけどね。ええ、オートバイ乗りみたいな革ジャンを着てましたよ。ああ、いいなあと思いましたね。なにか、俳優の卵とは違うというか、礼儀正しいけど、こび、へつらうところがない。俳優になれなかったら、ならないでもいい、身体が元気ならなにをやっても食っていけるみたいな、余裕を感じましたよ。ある意味では自分と相通ずるものを感じましたね」

この出会いが私の人生を決定づけたと思います。もし、あのとき裕次郎さんと撮影所で会えなかったなら、もし裕次郎さんが立ち上がって握手をしてくださらなかったなら……。

振り返れば無数の「もしも」によって現在の自分がここに在《あ》ることに気づかされます。ひょっとして、実は神様が敷いてくださった「もしも」という〝人生レール〞の上を、そうと知らないまま私は走って来たのではないか。

ふと、そんな思いにとらわれることもあるのです。

ピンクのスーツ

出会うことに理由はなく、別れるときに理由がある。

よく、こんな言い方をします。

確かに出会いは偶然だと思います。たまたま喫茶店で隣の席に座ったことが縁で結婚した、なんてこともありますし、見ず知らずの人間と居酒屋でケンカしたことが縁で友達になることもあるでしょう。

反対に、別れるときは「裏切られた」「騙された」「愛想を尽かした」とさまざまな理由がつきます。

死別や、やむにやまれぬ理由や事情で別れることもあるでしょう。

しかし、裕次郎さんとの出会いを振り返ると、あれは本当に偶然だったのだろうか、という思いがよぎります。

出会うことに理由は本当になかったのだろうか。

私たちは「絆」という目に見えない糸で結ばれていることに気づかず、それを偶然と呼んでいるに過ぎないのではないだろうか。

裕次郎さんとの邂逅、そして長きにわたって傍に置いてもらったことを振り返るとき、「偶然の出会い」として片づけるには、あまりに濃密な人間関係であったように思うのです。

裕次郎さんは撮影所内で私を見つけるたびに、

「どうしてる、元気にやっているかい」

「哲、頑張ってるな」

気さくに声をかけてくださるのですが、私より七つ年上の国民的スーパースターですから緊張してしまい、近寄りがたい存在でした。

裕次郎さんに弟のように可愛がっていただくようになるのは、私がデビューした年の十月に封切られた『泣かせるぜ』で共演させていただいたことがきっかけだったと思います。裕次郎さんとは初めての共演で、私にとっては五本目の作品となります。

さらにこの年、『赤い谷間の決斗』で再び共演したことで、裕次郎さんとの距離が急速に縮まっていったようです。『赤い谷間の決斗』では裕次郎さんとの派手な殴り合いのシーンもあったりで、話題になったものですが、私としては、

（セリフを失敗しちゃいけない）

（NGを出して、裕次郎さんに同じ演技を繰り返させちゃいけない）

と、そんなことばかり考えていたものです。

裕次郎さんが私のどこを気に入ってくださったのか、自分ではわかりません。裕次郎さんはバスケットをやってらしたし、私は空手ですから、体育会系ということで波長のようなものが合ったのかもしれません。

「哲、今日の夜は空いているか」

「うちに来てメシを食って行けよ」

そう言って誘ってくださるようになります。

私の生活が楽じゃないことをご存じだったのでしょう。当時、私の出演料は一本あたり三万円くらいだったでしょうか。

公務員の大卒初任給が二万円を超えていましたから、これにボーナスを加えた年収では私のほうが少なかったと思います。

デビューしてしばらくは、一万五千円しかもらっていませんでしたからスーツが買えない。しょうがないから学生服で撮影所に通っていたら、日活のエライさんが、

「渡君、衣装を作りたまえ」

これにカチンときて、

「金がないから作れません」

と言ったら、何着か作ってくれました。

私をスカウトしたときは、

「最初は一万五千円だけど、すぐに三十万、四十万稼げるようになるから」

と言ってたのですが、それがたったの三万円。ケタが一つ違っていますから、生活は楽じゃなかった。そのことを裕次郎さんはよくわかってくださっていたのです。

そういえば、こんな思い出があります。

夕食に呼ばれ、今まで食べたことのないような、やわらかくておいしいステーキを奥さんに焼いていただいたときのことです。

「哲、このワイン最高なんだよ。一杯いってみろ」

と裕次郎さんに勧められました。その頃私は酒が飲めなかったのですが、飲める飲めないは〝体育会系〟には通じません。目上の人に注いでいただいたら、

「いただきます！」

と言って飲み干すものです。

だから私もそうしました。一杯、二杯と勧められるまま飲み干しました。味なんかわかりません。酔っ払ってきて、気持ち悪くなりました。

フラつく足でトイレに入り、もどしてしまいました。初めて口にしたおいしいステーキも、

最高級のワインも、トイレに消えて行ってしまったのです。あげくの果ては、ソファーで高いびき……。懐かしい思い出です。

そして帰り際には必ず上着からズボン、ジャンパー、セーター、ネクタイ、さらに靴まで持ち出してきて、持たせてくれます。

私は身長一八十センチの体重七十五キロ。背丈だけでなく、靴のサイズも裕次郎さんとだいたい一緒でしたから、それこそ下着以外は全部いただきました。

ただ、いまだから言えることですが、裕次郎さんは派手系で私はダーク系ですから、ファッション感覚はまるっきり違っています。

「おい、やるよ」

とピンクのスーツを差し出されたときは、さすがにこれは恥ずかしくて自分は着られないな、と思ったものです。

裕次郎さんから頂戴したもので、抵抗なく着て歩けたのはセーターくらいでしたが、私にしてみれば、「哲にやろう」という、その気持ちが何より嬉しかったのです。

裕次郎さんというのは不思議な人で、私ならムッとしてしまうようなことでも、すべて許してしまいます。

器が大きいとは、こういう人のことを言うのでしょう。

人を疑うということも知らない人で、素直に信じてしまう。心が広く、人間のスケールが違う。

夢を語ると、いつのまにかその世界に引き込まれてしまいます。

だから一緒にいるだけで居心地がよくなるのです。

身につけるものは、頭のてっぺんから足の先まで、それこそ、ありとあらゆるものを頂戴しましたが、いま振り返って、裕次郎さんからいただいた一番の宝物は「夢」であったように思います。

私は裕次郎さんから、両手に余るほどの夢をもらったのです。

そんな人ですから、説教がましいことはいっさい口にしませんでした。

ただ一度だけ、こんなことを言われたことがあります。

私が日活当時、例によって裕次郎さんの家で飲めない酒を飲んだときのことです。ゲーゲー吐き、そのままソファで寝ました。夜中に目を覚まし、ボーッとして座っていると、気配でわかったのか裕次郎さんが起きてきて、

「哲、一緒に風呂に入ろう」

とおっしゃいました。

裕次郎さんはよくこういうことがあって、後年、裕次郎さんが大病してハワイの別荘で療養しているときも一緒に大きな風呂に入って、いろんなことを語り合ったものですが、この夜は裕次郎さんにしてはめずらしく、こんなことを私に言いました。

「哲よ、俳優同士で酒飲むんなら、スタッフと飲むんだぞ。それから、俳優である前に一人の社会人でなくちゃだめだ」

俳優が俳優でいられるのはスタッフのおかげなのだから、彼らこそ大事にしなくてはならない。

少しくらい人気が出たからといって絶対に勘違いするなよ――そんな意味のことをおっしゃったのです。

私はこの言葉を肝に銘じ、これまで俳優として生きてきました。いや、生きてこられたのだとスタッフのみなさまには心から感謝しています。

私は昭和四十七年に石原プロに参じるのですが、裕次郎さんが亡くなる昭和六十二年七月十七日まで、小言を言われたことは一度もありませんでした。

先を行く者は、後に続く後輩や新人にあれこれと言いたくなるものです。

それが人間というものでしょう。

「ああしろ、こうしろ、こういうことはしてはいけない」と口で説教するのは簡単ですし、高みから語るのは気持ちのいいものでしょう。

しかし裕次郎さんは、決してそういうことはしなかった。

ご自身の信念や生き方を通して、私たちに無言で語ってくださったのだということが、いま、こうして古稀を過ぎてみて、身にしみてわかるようになりました。

私のような人間には、決して真似のできないことでした。


私は裕次郎さんに大きな恩義があります。ある監督の〝造反事件〟が起こり、この監督に可愛がられていた私が同調したところ、これが五社協定に引っかかるというのです。

見せしめという意図もあってのことでしょう。

「渡哲也をパージ（追放）しろ」

という声が起こったのです。

裕次郎さんは専属を離れ、フリーの立場で日活映画に出演していましたが、事情を知るや、すぐさま日活の堀久作社長のところに行って、

「社長、五社協定なんて大人のくだらないことで、渡哲也という好青年を殺すことはないでしょう」

と直談判してくださり、ことなきを得るのです。

私はこういう性格ですから、パージされたらされたでいいと腹をくっていましたが、私のために奔走してくれる裕次郎さんを見ていて、男としてこの恩はいつか必ず返さなければならないと肝に銘じたのでした。

吉永小百合さん

演技がどうとか役作りがどうとか、そんなことを考えるヒマもなく、私は次から次へと映画に出演していきました。

映画産業はテレビに押されて次第に斜陽化しますが、それでも四十年代半ばの観客動員数は二億五千万人。当時、日本の人口は約一億人ですから、乳飲み子から熟年まですべての人を含め、年に二回以上、映画館に足を運んでくださっている計算になります。

映画の観客層である青年や大人に限れば、年に数回以上ということになるでしょう。私がデビューした昭和四十年当時は、まだまだ、そのスケールにおいて映画は依然として「娯楽の王様」だったのです。

二作目『青春の裁き』で主役を演じた私は、その後、『真紅な海が呼んでるぜ』『星と俺とできめたんだ』など月一本のペースで撮り続けます。

そんな私に転機が訪れるのは、デビュー翌年、十三作目となる『愛と死の記録』で、吉永小百合さんと共演したことでした。

彼女は小学校六年から子役で活躍し、昭和三十七年に『キューポラのある街』で青春スターとして大ブレークした日活の看板女優です。

さらに、歌手としてもデビューし、「和田弘とマヒナスターズ」と共演した『寒い朝』が大ヒット。「清純派」といえば吉永小百合――と言われるような存在の女優さんでした。

その頃吉永さんは、浜田光夫さんとコンビの純愛路線で、私はアクション専門です。毎日、撮影所へ通っていましたが、セットが離れているため、吉永さんとは挨拶すらかわしたことがなかったのです。

それに、同じ日活の俳優といっても、一方は、看板女優の吉永さん、これといってヒット作のなかった新人の私には遠い存在でした。

その吉永さんと共演させていただくのですから、胸がときめいたものです。私が二十四歳、吉永さんは二十一歳の日のことです。

作品は原爆が投下された広島が舞台。白血病に侵された印刷工（私）と、レコード店に勤める店員（吉永さん）の純愛物語です。

二人は結婚を誓うのですが、白血病ということで周囲が猛反対するなか、印刷工の私は死んでしまう。

店員役の吉永さんは自ら命を断って印刷工の後を追い、愛をまっとうする……。被爆者の苦悩に真正面から取り組んだ芸術祭参加作品ですから、アクション路線の私にしてみれば、

「なんで俺なんだ？」

そんな気持ちでした。

実際、吉永さんの相手役は当初、私ではなく、浜田光夫さんでした。

二人は『愛と死をみつめて』などで大ヒットを飛ばしたゴールデンコンビで、次なるヒットを狙って企画された作品でした。ところが浜田さんが目をケガしてしまい、出演できなくなってしまいました。

それで私に出番がまわってきたのです。芸術祭参加作品で、しかも社会性を帯びたテーマですから、演技のイロハもわからない私には荷が重い作品でしたが、吉永小百合さんと共演できる喜びの方が大きく、出演することにためらいはありませんでした。

吉永さんと初めて顔を合わせたのは、ロケ現場となる広島でした。多忙な人ですから、私た

ちより一週間ほど遅れて現場入りしたと思います。当時はクランクインに先だって顔合わせしたり、打ち合わせしたりすることはなく、撮影開始と同時に「初めまして」「どうぞ、よろしく」――そんな感じでした。

「プロの俳優さんというよりはアマチュアのようで、それまでの日活の俳優さんにはいない新鮮なものを感じました」


当時、吉永さんは私の印象をそんなふうに語ってくれました。

私の目に映る吉永小百合さんはスクリーンそのままの、清純派スターでした。

俳優として、この作品は学ぶことが多かったと思います。

蔵原惟繕監督はとても厳しい方で、撮影から旅館に帰ってくると毎日のようにリハーサルをやります。

ロケ現場で何回もテストを繰り返すと、見物の方々が周囲に集まってくるので、前の晩に旅館でリハーサルをやっておくわけですが、デートのシーンなんか大変です。みんなが見ている一室では、盛り上げたりするのが難しくて……。私だけでなく吉永小百合さん、佐野浅夫さん、芦川いづみさんも、出演者の方々はヘトヘトでした。

ある晩なんか、気がついたら私は押し入れで寝ていて、〝渡がいなくなった〟と大騒ぎになったこともありました。

❖昭和41年9月17日公開、吉永小百合と共演した日活映画『愛と死の記録』は、名監督蔵原惟繕によって撮られ、渡の演技力が高く評価された作品となった。

リハーサルでは、原爆という重いテーマを背景に、主人公二人の〝愛の在り方〟について、蔵原監督、吉永さん、そして私とで議論を重ねる。難解で結論が出ず、話し合えば話し合うほど頭がこんがらがってきて、どう演技すればいいのか頭をかかえることになります。

これは私だけでなく、吉永さんも同じで、普通の青春ドラマであればもっと気持ちが楽に演じられただろうと、のちに語っていました。こうした撮影の進め方と戸惑いは、デビュー十三作目にして、私が初めて経験することでした。

それでも撮影が進むにつれて、どんどん役にのめりこんでいきます。吉永さんと激しく抱き合ったり罵り合ったりするシーンは〝本気〟に近かったと思います。

『愛と死の記録』で共演して以降、吉永小百合さんと私は『白鳥』『青春の海』『だれの椅子?』『花ひらく娘たち』『嵐の勇者たち』と共演していきました。

わが家には二十冊を超えるアルバムがあります。

私が赤ん坊のときからのもので、家族の肖像として千枚近く所蔵してあると思いますが、プライベートなものなので、映画やテレビのスチール写真や、共演した方々の写真は一枚もありません。唯一、家族以外でアルバムに貼りつけられている写真は、裕次郎さんと吉永小百合さんだけです。

吉永さんの写真は一枚きりで、私と二人で笑いながらカキ氷を食べているカットです。『愛と死の記録』のとき、ロケ先の広島の旅館でスタッフが撮ってくれたものです。

名刺判サイズの小さなモノクロ写真で、少しセピア色に変色していますが、この写真を見ていると、吉永小百合さんをバイクの後ろに乗っけて雨の中を疾走したシーンなどが、つい昨日のように思い出されるのです。

この作品で、私が第十七回ブルーリボン賞新人賞を受賞しましたが、もし浜田光夫さんが目のケガをされなかったら、受賞はもちろん、吉永さんと共演することもなかったでしょう。

こうして「渡哲也」が存在しているのは、吉永小百合さんとの共演があったからと思っています。セピア色のツーショット写真は、私にとっていろんな意味で思い出深いものなのです。

平成十年十一月公開の映画『時雨の記』で、私は約二十九年ぶりに小百合さんと共演します。小百合さんから「こんな原作があるんですけど」と電話をいただいて、私は即座に引き受けました。石原プロの社長をお引き受けして十年が経った頃のことで、年齢的にも、体力的にも、また社長という重責を担う立場からも、この先そう何本も映画には出演できないでしょうから、小百合さんとはぜひやっておきたかったのです。

初めて共演したときと変わらず、小百合さんはカメラの前に立つと、圧倒的な存在感と凛とした美しさがありました。

どんな大切な写真も、やがてはセピア色に染まっていくものですが、そこに写る思い出は、どんなに時が過ぎ去っても決して色あせることはない。

小百合さんと二十九年ぶりの共演に、そんな感慨をいだいたものです。

第四章

運命

「くちなしの花」

父賢治が亡くなった昭和四十八年の八月、私はレコード「くちなしの花」（作詞・水木かおる、作曲・遠藤実）を発売します。私にとって四十九曲目にあたり、初めてのヒット曲になります。

「くちなしの花」は戦時中、特攻隊の若者が残していく恋人への想いを切々と綴った遺稿集をモチーフにした作品です。「くちなしの花」は手記の題名になっているものですが、こんな一文が私の胸を打ちました。

俺の言葉に泣いた奴が一人

俺を恨んでいる奴が一人
それでも本当に俺を忘れないでいてくれる奴が一人
俺が死んだらくちなしの花を飾ってくれる奴が一人
みんな併せてたった一人

「たった一人」とは、恋人のことで、筆者である慶應義塾大学出身の学徒飛行兵・宅島徳光さんが学生時代、下宿していた知人の家の娘さんであったといいます。敗戦の色濃くなった当時、特攻隊員のほとんどは予備学生出身者たちで編成され、彼らは若い命を祖国と家族に捧げ、敵艦に体当たりしていったのです。

この手記をモチーフにして水木先生が詩をお書きになり、遠藤先生は感動に涙しながらメロディーをつけられたそうですが、デモテープを聞いた裕次郎さんは、

「哲、こんな古めかしい歌なんかだめだよ。こんなのがもしヒットしたら、俺は銀座中を逆立ちして歩いてやるよ」

と言って笑いました。

手記に感動した私ですが、裕次郎さんにそう言われてみれば、なるほど古めかしい感じがしてきます。水木先生、遠藤先生には誠に失礼な言い方になりますが、

（こりゃ、今度も売れないな）

そう思いながらレコーディングしたのでした。

どの曲もそうですが、私は譜面が読めませんから、レコーディングのときは作曲家の先生がいらして一章節ずつピアノで弾いて歌ってもらい、それを覚えて私が歌うのです。何度も歌って、いいところだけをつなぎあわせて作るわけですから、これはもう「吹き込む」というよりレコーディング技術でした。

譜面が読めないだけでなく、歌はヘタ、しかも人前で歌うのは恥ずかしくて背中にびっしり汗をかくような私が、どうして歌を出すようになったかといえば、日活に入ったためです。当時の日活は、入社した俳優は自動的にレコードを出すことになっていたのです。

石原裕次郎さん、小林旭さん、赤木圭一郎さん、宍戸錠さん、高橋英樹さん、二谷英明さん……。みんなそうです。「ヘタだからイヤです、恥ずかしいからイヤです」——なんていうことは通じません。

昭和四十年、映画デビューと同時に、私は嫌々ながらクラウンからレコードを出すことになります。この年の一年間で「純愛のブルース」「真っ赤なドラム」「俺とお前の明日がある」「男の波止場」と四曲を出します。

（自分ごときの歌が）

という思いもありましたし、実際、売れませんでした。日活がロマン・ポルノに路線変更したことで、私は昭和四十七年に会社を辞めて松竹に移籍しますが、この頃ですでに四十八曲を出していますから、レコード会社も辛抱強かったのでしょう。クラウンからテイチク、そしてポリドールへと移籍し、昭和四十八年八月、「くちなしの花」を出すことになるのです。

レコードの売上は百五十万枚を超える大ヒットになりますが、

「こんなのがもしヒットしたら、俺は銀座中を逆立ちして歩いてやる」

とおっしゃった裕次郎さんは、銀座中どころか、逆立ちさえもしてくださいませんでした。

「哲、おめでとう」

あのときのニッコリ笑顔は、きっと逆立ちの代わりだったのでしょう。


私は俳優であって、歌手ではありません。うまくもないし、人前で歌うのはテレくさい。仕事ですから、ディナーショーやコンサートもやりましたが、お金を払って聴いてくださる方々が、「来てよかったな」と思っていただくだけの技量は、正直言って私にはないと思っていますす。ステージでは全力投球で歌いますが、私はプロの歌手ではありません。俳優が歌っているのであり、俳優がお客さんに語りかけているのだと思っています。

そんな自分のつたない歌が、少しは人さまの役に立つこともあるのだと、嬉しく思ったことがあります。

平成七年の暮れのことです。

私は、カラオケのある銀座の小料理屋にいました。勝新太郎さん、内田裕也さん、それに石原プロのコマサが一緒です。この日、全日空ホテルで小林旭芸能生活四十周年のパーティーがあり、その帰りに流れたものです。勝さんが下咽頭《かいんとう》がんでお亡くなりになる一年半ほど前になります。

店に入って腰を下ろし、勝さんが酒に口をつけてから、

「なあ渡、ひとつ俺の頼みを聞いてもらえねぇか」

とおっしゃったのです。

私にできることであれば何だってお手伝いしますが、改まった口調で言われると、何事かと思ってしまいます。

「ええ、かまいませんが、何でしょうか」

居住まいを正しながらお訊きすると、

「今日、玉緒が三十九度の熱を出して寝込んでるんだが、玉緒は「くちなしの花」が大好きでな……」

勝さんがそこで言葉を切ると、盃を舐めてから、

「申しわけないが、いま電話をするから、電話口で玉緒の奴に『くちなしの花』を歌ってやってもらえまいか」

そう言って、携帯電話をポケットから出したのです。唐突な話です。これにどう対応するのか、コマサと内田裕也さんが無言で私を見ています。

「わかりました」

私は席を立つと、ママさんにカラオケのセットをお願いしました。「玉緒」とは周知のように中村玉緒さんことで、勝さんの奥様です。玉緒さんが「くちなしの花」を気に入ってくださっているとは光栄です。私のヘタな歌でかまわないのであれば、精一杯に歌わせていただく
——そんな気持ちだったのです。

勝さんは携帯電話の番号を押すと、

「おい、病気がよくなる、いい薬があるぞ」

大声で言って、携帯を私に差し出しました。

携帯電話に向かって歌うなんて初めてのことですし、電話の向こうでは玉緒さんが受話器を耳に当ててらっしゃいます。緊張します。

どういう姿勢で歌えばいいのか……。私は戸惑いながら直立不動のまま、両手で携帯電話を

受け取ると、

「御無沙汰してます。渡哲也です。これから玉緒さんのために歌わせていただきます」

ご挨拶し、最敬礼したのです。

イントロが流れます。

私は軽く息を吸って、携帯をマイクのように握って歌い始めました。

気が散らないように真っ直ぐ店の壁を見つめ、心を込めて歌いました。

壁に向かって歌っていたので私は気がつきませんでしたが、胡座をかいてニコニコしながら聴いていた勝さんが、私の真剣勝負のような歌い方に笑顔が消え、歌詞が三番に移るときは私の横顔を凝視するように見ていたと、後で内田裕也さんがおっしゃっていました。

コマサからは、

「哲、おまえが三番まで律儀に歌うもんだから、店がシーンとしてしまったんだ」

と言われたものです。

勝さんがお亡くなりになる何カ月か前、コマサが千葉県柏市の国立がんセンターにお見舞いに行くと、

「俺は、渡と一緒に映画をやりてぇんだ」

食い入るように顔を見つめて、おっしゃったとコマサから聞きます。

❖昭和59年1月1日放送「西部警察 PART-Ⅲ」の特別番組「燃える勇者たち」で特別出演した石原裕次郎と勝新太郎、渡哲也のスリーショット。

このとき勝さんは、私について過分な誉め言葉を口にしてらしたそうです。嬉しいより、恥ずかしさが先に立ったことを、いまも忘れません。


また、勝さんから、こんな労いの言葉をかけていただいた思い出があります。

あれは平成八年、NHK大河ドラマ「秀吉」に織田信長役として出演したときのことです。

NHKの大河出演はそれより二十二年前、病気のため途中降板した「勝海舟」以来のことで、私にとってとても思い出深い作品でした。

当時、勝さんは下咽頭がんの治療のため入院なさっていました。その病室で、私の最後のシーンとなった七月二十八日放送の「信長、死す」をご覧になっていたのです。

番組終了後、自宅の電話が鳴りました。

勝さんからです。

「哲、観たぞ。信長とても良かったよ。いままでの信長役のなかで、哲がいちばんだよ」

抗がん剤と、放射線治療で体力が消耗し、たいへんなときに、わざわざ電話をかけてきてくださった勝さんの心やさしいお気持ちに胸が熱くなり「ありがとうございます」のお礼の後、受話器に向かって何度も頭を下げていました。

その勝さんは、それから十一カ月後の、平成九年六月二十一日、入院先の千葉県柏市の国立がんセンターで下咽頭がんのため六十五歳の若さで亡くなりました。
また一人の、大切な人を失ってしまいました。
いまも命の儚さがつのります。

「勝海舟」を降板

昭和四十八年、石原プロの再建は順調に進んでいました。裕次郎さんの体調も回復し、昭和四十七年七月スタートの「太陽にほえろ！」（日本テレビ系列）が好調でした。当時、裕次郎さんは三十八歳、私は七つ下の三十一歳。「俳優には向いていないのではないか」という思いを引きずりながらも、これから先も俳優としてやっていけるのか、あるいはやっていくのか、若いとはいえ三十代は自分が試されるときだろうと漠然と思っていました。

そんな私に大きなチャンスがめぐってきます。毎週日曜日夜八時から放送のＮＨＫ大河ドラマです。昭和四十九年放送の大河は十二作目となる「勝海舟」で、私が主役の勝海舟に抜擢されたのです。大河は朝のテレビ小説と並ぶＮＨＫの看板番組ですから、俳優として知名度は一気に〝全国区〟になります。しかも、これまで私はヤクザ役が多くて一部のファンに支えられてきましたが、これから一般家庭の〝お茶の間〟に入っていくのです。

誰より喜んでくれたのは淡路島にいる母でした。

「お父さんが生きていたら、どんなに喜んだでしょう」

と、大河が決まった四十八年の三月に亡くなった父のことを口にして声をつまらせ、生前、親父が「道彦の映画を見るのはつらいのう。なんであんなに殺されちゃうんじゃ。もっといい役をやらせてもらえんのかのう」というのが口癖だったと話してくれました。

父にはＮＫＨ大河ドラマの晴れ姿を見せることは叶いませんでしたが、勝海舟が咸臨丸《かんりんまる》の艦長として太平洋を渡ったように、私は俳優として前途に洋々と広がる海原に向けて帆を高く掲げたのです。

人間は得意の絶頂でつまづくといいます。驕《おご》ったわけでも、得意になったわけでもないにも関わらず、運命というのは気まぐれで、そして残酷なものです。船出してわずか数カ月後、嵐に遭遇して私は〝難破〟することになるのです。

「勝海舟」の録画撮りは十月から入りました。海舟の青春期は九本あり、ちょうど三本を撮り終えたところで、私は軽い風邪をひきます。撮影開始から二カ月後の十二月二十四日のことでした。風邪をひけばみんなに迷惑をかけますので、日頃から注意してはいたのですが、剣道のシーンで汗みずくになったりしたので、そのせいだろうと思っていました。幸い熱もなく、ちょっと悪寒がした程度だったので、さして気にもせず、市販の風邪薬を飲んで休みました。風邪が抜けないまま、三日後の二十七日、第四話の収録に臨みました。これがいけなかった。水ごりを撮るシーンがあって、何杯も水をかぶったのです。それで風邪をこじらせたのでしょう。その夜、三十八度を超える熱を出してしまいます。

ひどい汗で、女房がタオルケットでサンドイッチにしてくれましたが、すぐにびっしょりになってしまい、サウナに入っているようでした。そのままにしておきますと冷えるので、女房が夜中に何回も取り替えてくれました。翌朝、かかりつけの医者の治療を受けましたが、熱は一向に下がりませんでした。

幸い年内の収録はこれで終わりです。新年は一月六日からリハーサルが始まる予定になっていましたので、正月三が日は大事をとって寝ていましたが、依然として微熱が続きます。身体がだるく、食欲もありません。無理に食べると吐いてしまいます。

七十四キロもあった体重が十日ほどの休みの間に六十六キロまで落ちていました。ここで異変に気づくべきだったのでしょうが、風邪さえなおれば大丈夫と思っていた私は、風呂をひかえ、七日のリハーサルに備えていたのです。

こうして七日、私はＮＨＫに出かけますが、リハーサル中、セリフをしゃべることができなくなってしまいます。動悸が激しくて呼吸ができない。しゃべろうとすると、胸に激しい痛みが走るのです。

主役ですから、ＮＨＫも頭をかかえたでしょう。私を気遣う一方、このとき降板も視野に入れていたと思います。何とか九話――海舟の青春期までやって欲しいという要望がありました。私としては、男がいったんやり始めたことですから、九話といわず、最後までやり抜く覚悟で収録を続けました。

しかし、やがて会話するのもしんどくなっていきました。食事がノドを通りません。好物の肉も寿司も、いっさい受けつけないのです。

一月二十一日から四日間、リハーサルを休んで精密検査を受けました。診断は「左胸膜陳旧性癒着性肋膜炎」。

石原プロに入社した昭和四十七年の七月、私はフジテレビ「忍法かげろう斬り」の撮影中に「葉間肋膜炎」で倒れ、長期間の入院を余儀なくされましたが、これが治りきらず、癒着しているという診断で、

「無理をすれば肺浸潤になります。いまのうちに長期療養をして完全に治してください」

と医者は告げたのです。

それでも私は降板する気はありませんでした。死ぬまでやる覚悟です。最後まで撮り終えるか、その前に死ぬか。生きたまま自分の意志で降板する自分が、男として許せなかったのです。

裕次郎さんが、降板するよう私を説得しました。

「哲、やるだけやったんだから、もういいだろう。後は治療に専念しろ」

私は抵抗しました。

「お願いです。やらせてください。やれるところまで、やらせてください」

「だめだ。これは社長としての俺の命令だ」

叱りつけるようにおっしゃって、

「男の責任は仕事だけじゃない。暁史のことも考えてみろ」

わが子――暁史は一歳の誕生日を過ぎたばかりでした。

こうして私は第九話まで何とか撮り終え、前途に洋々と広がっていたはずの海原に船出することなく、高く掲げた帆を下ろすのです。

九カ月におよぶ入院

国立熱海病院は、ＪＲ熱海駅から車で三分ほどの相模湾に面した場所にあります。

胸部疾患の治療に関しては全国的に知られていて、三年前、裕次郎さんは胸を患ったときに入院しています。病院というよりリゾートホテルのイメージで、温泉もふんだんに出ます。裕次郎さんの強い勧めがあり、二月一日、私は女房の俊子と裕次郎さんに付き添われて入院します。

「どうだ、哲、いい部屋だろう。海を見ろよ。あれが初島だ。おれも三年前、ここで七カ月療養生活したが、お前のほうがずっと軽い。なあにちょっと休めば、すぐに治るさ」

海に面した八階の個室。裕次郎さんは、みずから闘病生活を送った部屋のカーテンを引き、明るい声で励ましてくれます。

私は挫折感をかかえたまま、早くて三カ月、長引けば半年間をこの部屋で過ごすかもしれないことに気が滅入ってしまいました。

入院して一週間が過ぎた頃、淡路島の母から手紙が届きました。

〈道彦が入院してから早くも一週間が過ぎ、少しは慣れてきたとは思いますものの、どうしているかと気になって仕方ありません。二月一日の入院の朝は胸がいっぱいで、何も言うことが出来ず、ただ見送るだけでした。主役交代を宣言された「渡哲也」の心情を思うと、心が痛みます。代わることが出来るものならば、道彦と代わってやりたい心境です。

このうえは養生専一に一日も早く全快するように努力して下さい。厳しく、やさしかった父上が存命ならば、どんなに心を痛められることか、とつくづく思いました。こんな時にこそ少しでも手伝いが出来たらと思いつつも、折り悪く成城に転居するための準備と片付けをしなければなりません。三月三日の日曜日に、父の一周忌を営む予定にしております。道彦が入院中なので来年の三回忌を盛大にして、今回はほんの身内だけ、父の兄弟と私たちだけにしたらと思っていますがどうでしょうか。

世間と隔離されたにも等しい現在の私には、道彦に聞かせる話題もありませんが、身の回りの世話くらいはさせていただきたいものと思っております。片付けの合間は各週刊誌の「渡海舟」のスクラップを出しては見ております。それが今の私の唯一の楽しみなのです。一日も早く元気が戻るように、それのみを祈っております。〉

身代わりになってやりたいという下りを、私はベッドの上で何度も何度も読み返したものです。この手紙に出てくる「成城に転居」とは、弟の恒彦の自宅のことです。父が亡くなり、いずれ母を呼び寄せることを考えて、私は二年前に自宅を新築したのですが、このたびの入院もあって恒彦の家に同居することを言っているのです。

早くて三カ月、長引いて半年と言われた入院生活は、結局、九カ月におよぶことになります。厄介な病気なので、治療は決して楽ではありませんでした。内服薬が五種類、注射も日に四本打っていましたが、強い薬だけに副作用も同時に怖いのです。

胸の部分に赤いすりきずのような斑紋が出たり、顔が熱く火照ります。鼓膜のそばに水が溜まって、耳がよく聞こえなくなると、注射針を耳の穴に入れて抜き取るのですが、これが猛烈に痛い。耳の関係から鼻もすぐ詰まってしまいます。

もっと怖いのは、多幸性副作用です。一時的にものすごく食欲が旺盛になったり、急に陽気にはしゃぎたくなったり、口笛が吹きたくなったり、病室に入ってきた若い看護婦さんのお尻にさわってみたくなったりするそうです。

それでも二カ月、三カ月、五カ月と経つにつれて、気分的にはずいぶん落ち着いてきました。挫折感を抱いて入院した私でしたが、「生まれつきのノンキモノでナマケモノ」で、家へ帰りたいという気持ちもだんだん薄らいでいきました。

治療の副作用はともかく、完全看護で住み心地がいいし、たまに屋上に出てのんびり海の景色も眺められます。

海の色というのは、その日の天気や太陽の傾きによって微妙に変化していくので、見ていて飽きない。

そんな毎日を送っていると、東京の雑踏に住むのがバカバカしく思えたりもしたものです。

大先輩の俳優、芦田伸介さんがわざわざ激励に立ち寄ってくださり、

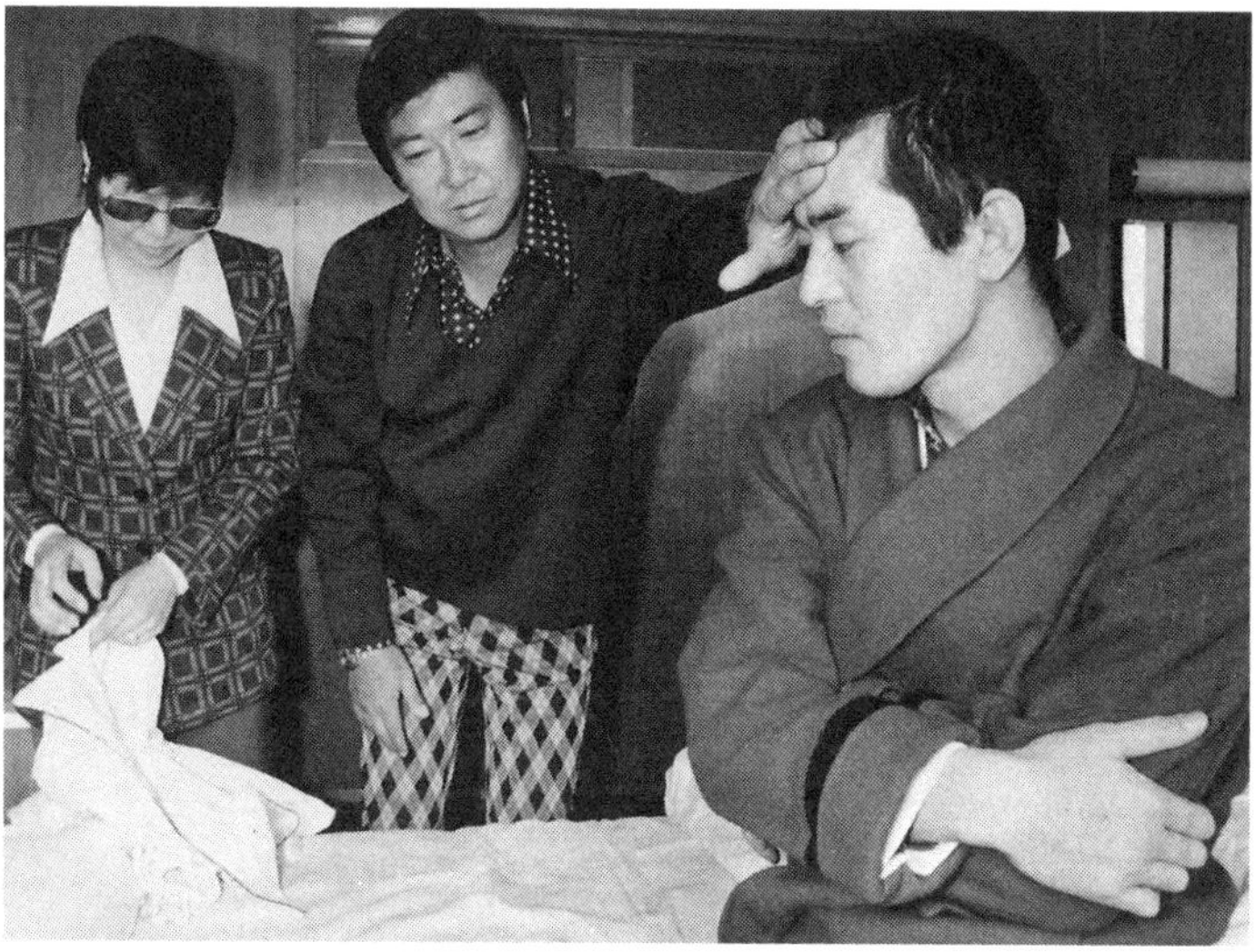

❖昭和49年2月1日「左胸膜陳旧性癒着性肋膜炎」のため、国立熱海病院に入院。NHK大河ドラマ「勝海舟」を降板しての入院だった。看護の俊子夫人と、石原裕次郎。

❖この年、渡哲也の代表作「くちなしの花」が大ヒット。病気から完全復帰した後、紅白にも初出場した。

「ものは考えようで、自分をじっくり見つめなおすいいチャンスです」

とおっしゃってくださいました。

励ましのお言葉であることはよくわかるのですが、根っからの不精者である私は、そういう気持ちになれないのです。過去を振り返って反省するとか、将来に向けて何かを準備するということはありません。

記者さんが取材にみえると、

「あせりませんか?」

という質問をしますが、入院生活を楽しむことはあっても、将来に対するあせりはありませんでした。その場になって初めて行動を起すタイプということなのでしょう。貯金を食いつぶす日々でしたが、「くちなしの花」がヒットしていたので、女房は少しは安心したかもしれません。

女房は毎週二、三度、暁史を連れて来て、その日は病室に泊っていきますが、子供は無邪気に騒ぎますから、私のほうが疲れたものです。

「大病は人間を大きくする」とよく言われます。生命を脅かされることに対する恐怖や経済的な不安、治療の苦痛、そして見限って去って行く人間……。大病をすることによってしか見えないもの、見えない価値観、見えない世界があり、この経験が人間をひとまわりも、ふたまわりも大きくするということだと思います。

この私はどうだったでしょう。

大病はしましたが、人間が大きくなることはなく、依然として小さいままでいます。

胸を患って入院するのですから、タバコは厳禁です。入院と同時に、医師は私が隠し持っていたタバコを取り上げました。それでも私は面会時間が過ぎた夜、こっそりとベッドを抜け出すと、見舞客用の面会室に行き、吸い殻入れからシケモクを取り出して吸っていたのです。副作用に苦しみながらも、隠れてシケモクを吸う私は意志が弱いのか、それとも度胸があるのか、見方は人それぞれでしょう。

私自身は、そのどちらでもないと思っています。意志は強いほうだろうと思っていますし、度胸も、たぶん人並み以上のものを持っていると自分では思っています。私がシケモクを漁るのは、タバコが吸いたかっただけであって、それ以上の意味も、それ以下の意味もないのです。

そんな私ですから、大病をしたからといって人間が大きくなることもありません。

「早く退院したい」

とあせることもなければ、

「仕事がなくなったらどうしようか」

と不安に思うこともありません。

いや、人間ですから、あせりも不安もあるのでしょうが、それを突き抜けたところで開き直っている。九カ月の入院生活で得たものがあるとすれば、そういう自分に改めて気がついたということでしょう。

時間がたっぷりとあるので、病室に沢山の本を持ち込んでいました。

仲よくなった青年がいて、彼がよく私の病室に本を借りに来ていました。黒ぶちの太いメガネをかけていたのを記憶しています。いつものように彼は本を借りに来て、映画の話など雑談して、病室へ帰っていきました。

それから数時間後の夕方、彼は心臓発作で亡くなったのです。新婚で、若い奥さんが遺体を運ぶストレッチャーにすがって泣きじゃくっていました。

明日はわからない。生きたいと願って、叶わないのが人生です。

仕事だって、どんなに努力しても、望んだ結果が得られるとは限りません。満足よりも、失望や落胆のほうがきっと多いでしょう。そう考えると、ただこの一瞬――いま与えられたこの一瞬を精一杯に生きることしかないのではないでしょうか。

(昨日を悔いず、明日に期待せず、ただ今を生きる)

青年の死に、そんなことを思ったのでした。

「紅白」に初出場

退院と前後して、十一月NHKから「紅白歌合戦」出場の打診がありました。この年、「くちなしの花」がヒットしたからでしょうが、何より嬉しかったのは有線放送で「夜のレコード大賞」を受賞したことでした。一杯やりながら「くちなしの花」を聴いてくださる有線放送のファンと、私の映画を楽しんで観てくださるファンの層が一緒だと思うからです。〝娯楽俳優〟の「渡哲也」としては、これは嬉しいことでした。

「紅白」出場については迷いました。「紅白」は歌い手さんたちにとって、歌手生命を懸けるほどの最高の舞台です。役者がちょこっと歌っただけでたまたまヒットし、その舞台に立つのは歌い手さんたちに対して失礼ではないかと思ったのです。辞退すべきだろうと思っていた私に「出ろ」と勧めたのは、裕次郎さんでした。

「いまはカッコつけて辞退するような時代じゃない。せっかく選んでくれたんだから出場しろ」

そんな言い方をしました。裕次郎さんはかつて「紅白」を辞退した経験があります。その人の言葉だけに説得力があります。それに、今年は「勝海舟」を途中で降板し、NHKには〝借り〟があります。「役者だから」という理由で断るわけにはいかないでしょう。私は出場することにしました。

退院直後であり、俳優の「紅白」出場は珍しいということもあって、メディアでずいぶん取り上げていただきました。記者の方、あるいは会う人の誰もが、

「紅白出場おめでとう」

と言ってくださいました。

「ありがとうございます」

とお礼を言いながらも、内心では、

（紅白って、そんなにおめでたいことなのかな）

という違和感がずっとありました。嬉しいということよりも、そういう舞台に立って歌うこと自体が心底、恥ずかしかったのです。

だから、

――紅白出場の感想は？

記者の方に質問されると、

「別にどうということはありません」

ぶっきらぼうに答えてしまいます。

――どんな衣装で出ますか？

「普通の背広でいきますよ」

そっけなく言ったり、

「ボクが若い歌手みたいにキンキラキンの服を着てごらんなさい。ああ、渡もついに気がふれたかって笑われますよ」

と皮肉を言ってみたり。

当時、三十三歳。若かったというのか、せっかく選んでいただいたのだから、素直に喜んでもよかったかなと、振り返って思ったりもするのです。

「紅白」に出場したこともあってでしょう。興行の話もきましたが、これはお断りしました。キャバレーやクラブのステージに立てば、ちょっと歌うだけでお金が稼げたかもしれません。でも、ナマケモノの私はそれではだめなのです。すぐに勤労意欲をなくしてしまう。その点、映画というのは一か月の期間がかかります。残業もあれば徹夜もあります。汗水たらしながら苦労して作るものです。

あまりお金にはなりませんが、役者の私としては歌って稼ぐよりはいい。余計なことで安易にお金を稼ぐと、心が驕ってしまう。そのことが心配でした。役者としての意気というよりも、子供の頃、孔子を持ち出して人の道を説いてくれた親父の影響かもしれません。

退院後、復帰第一作となる主演映画が昭和五十年二月十五日封切りの『仁義の墓場』です。私が初めて東映で撮った作品で、監督は『仁義なき戦い』シリーズで「実録ヤクザ映画」ブームの先鞭を振るった深作欣二さんでした。物語は、戦後の混乱期、新宿を舞台に〝一匹狼〟として生き抜いた実在のヤクザ石川力夫の半生を描いたものです。

石川はヒロポン中毒でアナーキーな人間で、三十歳の若さでなくなります。ヤクザ事務所に乗り込む下りでは、一触即発の状況のなかで、持っていた骨壺から自殺した妻の遺骨を取り出してポリポリと噛み砕くなど、作品は狂気とニヒリズムが漂っていました。

深作監督は〝熱い人〟です。私は監督に指示されるまま「石川力夫」に全力をつくし、これまで撮ってきたなかで一番楽しく、演じられた作品だと思っています。

入院で九カ月のブランクがあったにもかかわらず、「くちなしの花」のヒットと「紅白」への出場、そして『仁義の墓場』で俳優としても完全復帰することができました。

東大病院へ緊急入院

『仁義の墓場』で無理をしたせいか、少し体調を崩しました。微熱が続きます。たぶん風邪が移ったのだろうと思っていました。家族みんなが風邪をひいていたのです。『仁義の墓場』の撮影は、朝は六時に起きて八時にはセットに入り、夕方五時頃終わると、今度はアフレコで夜中まで。その後スタッフたちと飲みに出かけます。さすがに疲労が溜まり、撮影が追い込みに入った後半は、控室にブドウ糖やリンゲル、それに肝臓の薬などを持ち込んでいました。

撮影中は、ほとんど撮影所の近くに泊りこみで、家には数えるほどしか帰りませんでした。たぶん、このときの無理がたたって体力が落ちていて、家族から風邪をもらってしまったのでしょう。さして気にもせず、市販の風邪薬を飲み、二月十九日から一泊二日で『仁義の墓場』のキャンペーンに出かけたのです。

しかし、微熱はいっこうにおさまりません。食欲もなくなってきました。キャンペーンの帰途、熱海を通ります。そろそろ定期健診の時期でもあったので、国立熱海病院に寄って診察を受けました。結果は「異常なし」ということで、ひと安心したのです。

ちょうどこの頃、東映で高倉健さん主演の映画が三月からクランクインすることを知りました。高倉さんは、憧れの俳優さんです。

共演させていただくチャンスです。『仁義の墓場』は、私にとって東映での初出演ですが、東映に出たのは、いずれ高倉健さんと共演させていただく機会があるだろうという期待があったのです。

「通行人でも構わないので、健さんの作品に出演させてください」

東映に〝直訴〟すると、快諾してくれました。東映としては、高倉健と渡哲也が共演すればキャストに厚みも出るし、話題にもなると考えたようです。

この映画は高倉さんの大ヒットシリーズ『網走番外地』のオホーツク版ということで、当初のタイトルは『オホーツク番外地』になっていましたが、『大脱獄』へと変更。ストーリーも大幅に手直しになります。囚人七人が網走刑務所を脱獄するのですが、そのうち五人が途中で死亡。高倉さんと私の二人だけが生き残り、私が高倉さんのために無実の罪のカタキを討つというものでした。

出演が決まって東映の京都撮影所に挨拶におうかがいすると、高倉さんがご自身の手でコーヒーを淹れてくださり、感激したものです。

実は、高倉さんにお目にかかるのは、このときが二度目になります。初対面は芸能週刊誌の誌上対談で、デビューしてまもない私はずいぶん緊張したことを覚えています。

「お仕事、いつかご一緒できるといいですね」

とおっしゃってくださったのですが、これは新人を励ますための、高倉健さんらしい気遣いだろうと思っていました。

ところが、私が熱海の国立病院に入院したとき、高倉さんからお見舞いのお手紙を頂戴します。

〈胸が痛みます。神にかけてご全快を祈っております。皆さん、お疲れが出ませんように。お会いしたいと思っていますが、面会はひかえております。〉

お手紙に不動明王のお守りを添えて送り届けてくださったのです。これに私は感激し、

「健さんと共演したい」

と強く願ったのでした。

男の器量と言うのでしょうか、石原裕次郎さんにしても高倉健さんにしても、スーパースターになる人は人間としての器が違います。俳優である前に、人間として、社会人として、素晴らしい人格をもってらっしゃるのです。裕次郎さんを「華やかなロック・ミュージック」とすれば、健さんは「伝統の雅楽」ということになるでしょうか。時代というものに対して、ちょっと斜に構えて見せるのが裕次郎さんなら、健さんは古来の伝統というものを背中にしょって生きている。そんな感じがします。私にとってお二人は、永遠の憧れでした。

『大脱走』は三月中旬からクランクインする予定になっています。心を躍らせながら、私はその日を待っていたのでした。

三月に入っても、熱が下がりません。

微熱だったものが、やがて四十度を超えます。食事がノドを通らなくなります。かかりつけの医者に診てもらうと、

「このままでは肺炎を併発します。すぐ入院させなさい」

という指示で、私は東京大学付属病院へ担ぎこまれるのです。昭和五十年三月十二日、昼過ぎのことでした。

四十度を超える高熱が続きます。医師十数人によるプロジェクトチームが組まれましたが、高熱の原因がわかりません。苛立った裕次郎さんが病院で、

「このままでは熱で血管が切れて、哲は死んでしまうぞ！」

大声で叫んだということを、後で知りました。

病名は「慢性肺感染症」と告げられました。大量のステロイドを投与すると、熱は一気にさがりました。ただ、ステロイドには副作用があり、長期間投与すると骨がもろくなって、火葬すると骨が残らず灰になってしまうこともあるといいます。副作用の説明をしてから、

「投与する量は徐々に減らしますから心配ありません」

と医者に言われ、ステロイド治療に踏み切ったのでした。

断腸の思いは『大脱獄』です。せっかく高倉健さんと念願の共演が決まったというのに出演するのは不可能です。クランクインを目前して、私は断念し、病床から高倉さんに電話をかけて、お詫びを申し上げました。私が出演を〝直訴〟したばっかりに、映画のタイトルもストーリーも変更になったのです。

「自分の不注意から、ご迷惑をかけることになって誠に申しわけありません」

謝る私に、高倉さんは、

「俳優は身体が資本です。仕事はこれからも一緒にできます。いまは一刻も早く身体を治すことだけを考えてください」

低く野太い声で励ましてくださったのです。私は一喜一憂する人間ではありませんが、このときはさすがに落胆し、歯がみする思いがしたものです。

それから高倉さんとは共演する機会がないまま、現在に至っています。チャンスというのは一瞬のうちに目の前を通り過ぎていくもので、躊躇したり、つかみ損ねたりすると、二度と手の届かない彼方に消えて行くもののようです。

実は、それからずいぶん経った昭和六十三年八月の夜、高倉さんが突然、拙宅を訪ねてくださっています。残念ですが、その時、私は外出していて女房の俊子が応対しました。俊子は、私がどれほど高倉さんを尊敬しているか知っていますので、私の不在を謝ってから、しばらくしたら帰ってくると思うので申しわけないが待っていていただけないか、とお願いしたそうですが、

「これを、お渡ししていただければ」

と言って、手にしていた小包みを置いて帰って行かれたそうです。

帰宅して開けてみると、小包の中に不動明王のペンダントが入っていました。ペンダントの裏に、陽明学の開祖・王陽明の詩が彫られてありました。

冷に耐え　苦に耐え
煩に耐え　閑に耐え
激せず　騒がず
競わず　従わず
以て大事を成すべし

私はすぐに礼状を認《したた》めました。

〈ご無沙汰申し上げております。この度は千載一遇ともいうべき機会を逃した思いで胸が痛みます。お目にかかりたく思っておりました。高倉さんの俳優としての生き方に大変心ひかれております。また人間としての生き方にも尊敬の念を抱いております。

王陽明の詩に、高倉さんの生きざまを見ました。頂戴しましたこの詩、心にしてまいりたいと存じます。深いお心遣いに、ただただお礼を言上致すのみでございます。ありがとうございました。〉

陽明学はご承知のように、吉田松陰や高杉晋作、西郷隆盛、河井継之助、佐久間象山など幕末の維新運動に大きな影響を与え、明治以降は、日本国民の精神修養の一環として用いられたものです。私はペンダントに彫られた詩を「男の生き方」として読み解くのでした。

病気を誘発する「自家中毒」

東大付属病院に入院して二カ月が経った頃、ステロイドの副作用が出てきました。顔が月のように丸くなるムーンフェイスになり、身体も太りました。しかし、医師団のご尽力で、それも次第におさまり、回復へと向かっていきます。入院から五カ月、夏の終わりになって無事、退院しますが、東大病院では後日談があります。

退院後、定期検診に行ったときのことです。説明を聞きながら、何気なく医者が手にしていたカルテに目をやって、心臓が高鳴りました。《KOLLAGEN《コラーゲン》・CRANKHEIT《クランクハイト》》と書かれていたからです。

ドイツ語で「膠原病《こうげんびょう》」のことです。膠原病というのは、身体の細胞や組織を結びつけている膠原線維が異常をきたす病気の総称で、症状が関節に出ればリューマチと呼ばれ、皮膚に現れれば強皮《きょうひ》症と名前が変わります。原因も治療法も不明で、厚生省が特定疾患に指定している難病です。《KOLLAGEN・CRANKHEIT》というスペルも意味も知らなければ気にもとめなかったでしょうが、私は知っていたのです。

前年、熱海の国立病院に入院していたときのことです。医者と雑談していて、

「ここは完全看護で住み心地がいいし、屋上に出てのんびり海の景色を眺めることもできます。自分はノンキ者でナマケ者ですから、何にもしないで毎日ブラブラ過ごせたら最高でしょうね」

そう言って私が笑うと、

「でも渡さん、そうした人生が楽しめるのは健康であっての話ですよ。病気になって、そんなふうに生活せざるを得ないとなると、それはつらいことです」

「そんな病気があるんですか？」

「あります」

そして、《KOLLAGEN・CRANKHEIT》とメモ帳に書きつけると、

「コラーゲン・クランクハイトと読みます。膠原病です」

とおっしゃったのです。

こんなことを書くのは膠原病と闘っている方々にはたいへん申しわけないことですが、根治は難しく、たとえ治っても就労は難しく、ブラブラして過ごすしかないといったような説明を先生はしてくださったのです。

（自分は膠原病なのか？）

疑念がよぎります。

私の病気は「慢性肺感染症」で、医者からそう告げられているのです。「私は膠原病ですか？」――そう訊けばよかったのでしょうが、私は黙っていました。膠原病という難病であるなら、医者が患者の私に隠すわけがないと思ったからです。しかしカルテには《KOLLAGEN・CRANKHEIT》と書かれ、私がこの目で見ています。

（あれはいったい何だったのだろうか？）

その後、現在に至るまで、膠原病とは無縁でいます。私の人生における「疑問」の一つです。

昭和四十七年から五十年まで、わずか三年間のあいだに私は三度、大病に侵されて入院しています。映画俳優になるまで、病気一つ知らない私です。空手で鍛え、健康にも体力にも自信があります。

その私が、あたかも俳優になるのを待っていたかのように大病に襲われます。それが不思議でした。私はヘビースモーカーですが、そんな人間は世のなかにゴマンといますが、誰もが病気になるわけではない。撮影所のスタジオはホコリっぽくなっていますが、ここで仕事するのは私だけじゃない。ハードスケジュールも私だけではないし、忙しいからといって倒れるほど、ヤワな身体でも精神でもありません。

それで東大病院に入院したとき、医者にそのことを尋ねてみて、原因がわかりました。

仕事は楽しいかと問われ、

「自分は俳優の仕事に向いていないのではないかと、いまも疑問に思っています」

そう答えると、

「それです」

と医者は言いました。

俳優に向いていないのではないか——という自信のなさが、「いい仕事をしなくては」と無意識に自分を駆り立て、無理をしてでも頑張ってしまう。それがストレスとなってホルモンのバランスを崩し、病気発症の引き金になっているといったようなことをおっしゃいました。

「つまり自家中毒。自分で病気を作り出しているということです」

それが医者の結論でした。

俳優を辞めるか、自家中毒を承知で続けるか。どっちにしても、難儀な人生だと思ったものでした。

「死」というもの

病院では、死は日常です。

私たちにとって死は人生の一大事で、親や兄弟の死は慟哭の悲しみですが、大きな病院では日常的に患者さんが亡くなっていきます。病院のベッドに横たわっていると、生命《いのち》は何と頼りなく、儚いものであるか思い知らされるのです。

東大附属病院は相部屋が基本です。個室は、容態が悪くなった患者さんだけが移されます。治療の関係もあるのでしょうが、相部屋で臨終を迎えることになると、他の患者さんに与える動揺が大きいからでしょう。私の場合は原因不明の高熱ということで個室に入れられました。

隣の個室は重病患者さんが移される病室でした。医者や看護婦、家族の方々が慌ただしく出入りするようになると、その後たいてい嗚咽が漏れてくるのです。

長く入院していると、仲よくなる若者もいます。サインを求められたことがきっかけで、お下げ髪をした中学生の女の子と知り合いました。サインのお礼にと、スミレの花を小さく束にしてプレゼントしてくれ、それをベッドの脇に飾っていたのですが、それからまもなく亡くなりました。小児がんによる白血病でした。

患者用の炊飯場があって、ここで夜中、内緒でお湯をわかして一緒にカップラーメンをすすった男子高生がいました。受験生で、よく勉強していて将来は商社に入って世界を飛びまわりたいと夢を語っていましたが、彼もあっけなく逝ってしまいました。

私のように好き勝手に生きてきた人間がこうして残り、未来ある若い人たちが亡くなっていく。年老いた親を亡くすと、よく死ぬのは順番だといって遺族を慰めたりしますが、死ぬのに順番はなく、生も死も人間の意志と無関係にあるということを、しみじみ噛みしめたものです。

退院した翌五十一年十月三十日公開の『やくざの墓場・くちなしの花』で、ブルーリボン賞と毎日映画コンクールの主演男優賞を頂戴します。『仁義の墓場』を撮った深作監督です。私は監督の指示にしたがって演じただけで、映画は脚本が七割、監督が二割、俳優は一割だと思っています。映画はチームで制作する総力戦ですから、そういう意味では主演男優賞をもらったことはよかったと思いますが、私個人としてはたいして嬉しくもありませんでした。生意気なことを言うようですが、映画はお客さんが入ってナンボ。賞だ何だと浮かれるのは所詮、内輪の話に過ぎません。

私としては、同じ深作監督で撮った前作『仁義の墓場』のほうが好きです。作品の質がどうのと言うのではなく、自分がのめりこめた。燃焼度ということで言えば、『仁義の墓場』ということになるのです。

記者さんたちは、病気を克服して今回の受賞に至ったと持ち上げてくださいました。ありがたいことです。四十七年の八月に葉間肋膜炎で荻窪病院に二カ月入院し、四十九年二月には左胸膜陳旧性癒着性肋膜炎で「勝海舟」を途中降板して国立熱海病院で九カ月、そして五十年二月は慢性肺感染症で東大付属病院に五カ月。よく倒れるので、周囲の人は、

「渡はツイてないな」

と言って同情してくださったようですが、これまで折りに触れてお話したように、私はその場の成りゆき――人生の流れに従って生きているようなものです。仕事に一生懸命になるほどには、生きることに一生懸命にはなっていないのです。

こう考えると、私はツイていないのではなく、逆にツイてるのではないでしょうか。

俳優として、ポッと出てすぐ主役をやらせてもらい、仕事のさなかに三回も倒れて、それでもまだ俳優をやってられる。

「勝海舟」にしても、高倉健さんとの共演にしても、「いよいよこれから」という仕事の波に乗ろうとすると病気で沈没してしまいますが、病気が治れば、すぐにまた次の主演映画の波が来て、それにうまく乗れてしまう。

普通だったら、忘れられるか、見捨てられるかするでしょう。人生の不思議だと自分でも思っているのです。

第五章

裕次郎に殉じる

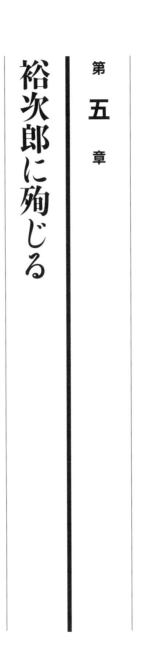

「俳優渡哲也」の苦悩

石原プロは、テレビドラマに進出することで会社の再建を目指しました。昭和四十七年から「太陽にほえろ!」(日本テレビ)、五十年になってから「大都会」(同)、さらに五十四年には局をテレビ朝日に移して「西部警察」をスタートさせます。その頃石原プロは石原裕次郎さんをボスに一枚岩の結束を誇り、石原軍団と呼ばれていました。

当時、裕次郎さんはこんなことをおっしゃいました。

「テレビの持つ可能性はこれから膨らむ一方で、いずれカメラはVTRになるぞ。テレビ映画も十六ミリのフィルムで撮る時代は去る。石原プロが長生きするには、テレビ番組も手がけておくべきだ。映画を撮るという俺たちの夢を絶やさないために、いまはテレビで食いつなぐんだ。ただし、テレビ映画をやるならテレビ局の下請けではおもしろくない」

そして企画から営業、製作までを石原プロで手がけたのです。

ここに裕次郎さんの非凡さがあります。当時、テレビドラマの製作費は一本あたり約三千万円でしたが、ダミー会社などが中間マージンを取っていましたので、製作会社としてはギリギリの予算になって、ほとんど利益がでませんでした。

このシステムでやっている限り、ビジネスとしてはおもしろくないというのが裕次郎さんの考えで、コマサを使ってテレビ朝日との直接取引を仕掛けたのです。

「西部警察」は日曜夜八時の枠ですが、ゴールデンタイムに直接取引を仕掛けるというのは異例のことでした。

テレビ局サイドは営業リスクを避けるため、大手広告代理店に時間枠を売ります。あるいは広告代理店で時間枠を押さえ、スポンサーに番組を売って手数料を稼ぎます。この慣習を打ち破り、テレビ朝日と直接取引の契約を結んだのですから画期的なことでした。

石原プロの利益は多くなりますが、当然ながら関係方面から反発もありました。かつて裕次郎さんは映画製作の夢を追い、石原プロを設立して映画界に一石を投じました。

これが引き金となって、大手映画会社が権益を守ってきた五社協定は崩壊していきますが、既存の勢力や体制、あるいは理不尽なことに対して挑んでいくのが裕次郎さんでした。

映画界に限らず、日本経済全体で流通の合理化が図られ、「中間搾取」が排斥されていくのはご承知のとおりです。そういう意味でも、裕次郎さんは、俳優としてはスーパースターであり、経営者としては時代を見通す目、決断力、そして実行力において非凡なものがあったのです。

「大都会」は派手さとアクションで、視聴率は二五％を超す日本テレビの看板番組のひとつになりました。それに続く「西部警察」はアクションに徹しました。多額の製作費も投入しました。何千万円もかけて、警視庁の夢物語的な特殊車両を作ります。噴水のような放水がものすごいやつで、大きな話題になったものです。カー・スタントでも、壊した車は番組一本あたり約二十台。最終回までに五千台近い車が破壊されたのです。

荒唐無稽と揶揄《やゆ》されることもありましたが、裕次郎さんをボスと仰ぐ石原プロには、大の大人がマジメな顔して子供の発想で夢を追いかけるロマンがあり、それが支持されたのでしょう。NHK大河ドラマの裏番組であったにもかかわらず、常に二〇％台の高視聴率をマークしました。こうして石原プロは会社再建を果たしただけでなく、当時のお金で三十億円といわれる資産まで形成することになるのです。

当時、私は副社長として石原プロの再建に全力で取り組みました。

❖文字通り、石原プロモーションテレビ映画の黄金期を飾った不滅の「西部警察」シリーズ。毎週1450万人のファンがテレビの前で釘付けとなった超スーパーポリスアクションドラマ。

❖石原プロがテレビ製作進出のきっかけとなった日本テレビ「大都会」。社会派刑事ドラマから始まったが、PARTⅡ～Ⅲで超アクション刑事ドラマへ。

企画から始まって関係各所との折衝、ロケ現場での目配り、さらに石原プロの将来を見据えて若手連中の育成にもあたりました。

忙しいのは覚悟の上ですし、石原プロ再建のためにはそうするしかありません。しかし再建を果たしたころから、少しずつ私の心境が変化していったのです。「俳優渡哲也」として映画への愛着がありました。石原プロで映画を作るという話は再三ありましたが、テレビドラマに忙殺されたこともあり、なかなか実現しませんでした。

明けても暮れても私は「西部警察の刑事」です。いい年をした男がピストル持って走り回っている。ピストルを撃つと経費がかかるので、テストでは口で言いいます。ピストルを構えて、「パン！　パン！　パン！」

たくさんの見物人の前で、大の男が「パン！　パン！　パン！」をやるのです。渋谷駅前で銃撃戦のロケをやったときは、本当に恥ずかしい思いをしたものです。

台本にしても、犯人の名前と事件の場所が変わってるだけです。それでも視聴率を取っていますからＰＡＲＴ‐Ⅱ、ＰＡＲＴ‐Ⅲと続いていく。「俳優渡哲也」としては正直言って悩みました。

三十代、四十代は、俳優にとって年齢的にいい時期です。映画出演の話もありました。俳優として何とかやっていけるという自信もあって出演したかったのですが、スケジュールを考えると無理でした。

あの頃、松田優作からこんなことを言われました。

優作とのプライベートの付き合いは「大都会」をやるようになってからです。何かとウマが合いまして、撮影のないとき、早く撮影が終わったとき、我が家へ来てもらって夜、よく焚き火をしました。焚き火をしながら一杯飲んで、いつも優作にお説教されました。

「なぜ映画をやらないんだ、いつまで石原プロにいるんだ。テレビをやってないで早く辞めて映画に出たほうがいいですよ」

誰も言ってくれないようなことをあいつは歯に衣を着せず言ってくれました。

俳優として何とかやっていけるという自信を持った時期でもあり、どうしても映画をやりたい気持ちが強かったのです。しかし、会社のことを考えると、「西部警察」などテレビのドラマ製作という方針を優先せざるを得なかったのです。それでも、

「映画に出たいのですが」

と裕次郎さんに相談すれば、

「おお、いいぞ」

と快諾してくれたでしょう。しかし、私という人間はそういうところが不器用で、ついぞ一

言も口にすることが出来ないまま、「副社長」という立場と「渡哲也」という俳優の狭間で悩んだのです。

（いっそのこと、石原プロを出ようか）

と思ったこともありました。

実際、他社からいろんな映画の話も頂戴してましたし、年齢的にも三十代と、俳優として一番いいときですから、正直いって「やってみたいな」というような仕事もありました。そこで飛び出さなかったというのは自分の弱さでもあるのですけど、それ以上に石原裕次郎さんの存在感のすごさですかね。

やはり裕次郎さんの傍にいたほうが心地よかったのです。私は「俳優渡哲也」を封印したのでした。

一緒にいるだけで、将来が明るく感じてしまうような人でしたから、俳優というより、ひとりの人間としてのありようを無言のうちに教わっていたんじゃないでしょうか。目先にとらわれることなく、何が大事で、男としてどう生きたらいいのかを……。

いま当時を振り返ってみて、石原プロを辞めてどこか映画会社に入っていたら、また違った私がいたのではないかと思います。

週刊文春の「阿川佐和子対談」に招かれたとき、阿川さんにどうして辞めなかったのかと問

われ、
「やっぱり自分の勇気のなさなんでしょうね。だらしない男なんです」
と答えましたが、辞めたい辞めたいと思いながらも、心の奥底では裕次郎さんの傍にいたかったのだと思います。これは自分が選んだ道ですし、裕次郎さんと深く付き合えるようになって、ちょっと生意気な言い方をさせてもらえば、勇気と生きる力を学んだような気がするのです。

「西部警察」が昭和五十四年十月にスタートして五年間、特別番外編を加えて二百三十六本を撮った最終回、私は裕次郎さんの私に対する思いを知らされることになります。

この私――「団長」が死に、上司の「ボス」である裕次郎さんが霊安室で対面するクライマックスのシーンです。

裕次郎さんはテストなしの一発撮りで行くとスタッフたちに告げてから、キーマン（技師）だけおいて、後は全員外へ出しておけと命じたのです。番頭のコマサも裕次郎さんの真意がわからず、首を傾げながら外へ出て行きました。

私は〝死人〟ですから、外界から意識を遮断するために耳栓をして、白い布をかぶせられスタジオの霊安室の台に横たわっていますが、それでも音は小さく聞こえます。

収録が始まり、裕次郎さんがコツコツと靴の音をさせて霊安室に入ってくると、私の顔から白い布を取って語りかけます。

「疲れただろう。だから眠っているんだろう。違うか。頼む、一言でいい、何とか言ってくれ」

放送を観て驚きました。台本とは違うセリフだったからです。そして裕次郎さんは、胸の上で合掌する私の手を握りしめると、

「俺はなあ、お前が弟みたいに好きだった」

涙をぬぐいながら、

「ありがとう、ありがとう」

と繰り返したのでした。

裕次郎さんの涙を初めて見ました。

このとき（テレビばかりやって、映画をなぜやらないんだ、私に映画をやらせてくれないんだ）という不満が一切消え去ったのです。

裕次郎さんは、「俳優渡哲也」が苦悩していたことをちゃんと知っていて、最終回のこのセリフに自分の思いを託したのでした。

《士は己を知る者の為に死す》

という言葉があります。

ご承知のように
「自分の真価をよく知ってくれて、認めてくれた人のためなら死んでもよい」

という意味です。

石原裕次郎に殉じる——。私はこのとき、そう覚悟したのです。

裕次郎、倒れる

昭和五十六年四月二十五日、順風満帆の石原プロに非常事態が持ち上がります。「西部警察」のロケ中、裕次郎さんが胸に激痛をおぼえ、慶應病院に緊急入院したのです。精密検査の結果、解離性大動脈瘤と診断されました。

大動脈の一部分が瘤のように膨らんでいて、発症して三カ月以内の死亡率が九〇パーセント、手術の成功率はわずかに三パーセントという大病です。三パーセントという数字は限りなくゼロに近いということです。すぐにＩＣＵ（集中治療室）に移されました。

（裕次郎さんが死ぬかも知れない）

私は愕然としました。

三年前の五十三年、四十三歳だった裕次郎さんは慶應病院で舌がんの手術をしています。翌年再入院し、さらに東大付属病院に移ってレーザー治療をしています。舌がんを除去した矢先のことでした。

石原プロ専務のコマサは混乱を避けるため、マスコミへは極秘との指令をスタッフに出しましたが、「裕次郎、緊急入院」の情報は瞬く間にマスコミに流れ、取材陣が慶應病院に殺到することになります。取材陣の対応、そしてお見舞いに駆けつけてくださる方々の応対もあり、私は病院の敷地内にマイクロバスを持ち込み、その中で寝泊まりしながらロケ現場に通う日が始まります。手術に備え、石原プロ社員のうち、裕次郎さんと同じA型血液の社員が病院で待機していました。

ファンの方など次第に見舞客の数も増えていって、入院一週間で千名を超えました。千羽鶴を届けてくださった女子高生もいました。本当にありがたく、嬉しいことでした。

このとき私は、テレビのワイドショー「三時のあなた」で司会をされていた女優の森光子さんのインタビューをお受けするのですが、

「石原にもしものことがあったら、自分も殉じたい気持ちです」

と口走り、この発言がマスコミで大きく取り上げられました。

裕次郎さんが倒れ、手術の成功率三パーセントと聞いたとき、「殉死」という二文字が脳裏

❖昭和56年4月25日、石原裕次郎は解離性大動脈瘤のため、東京信濃町の慶應病院へ緊急入院した。マスコミの前で、裕次郎の症状について報告する渡哲也、石原まき子夫人、小林正彦石原プロ専務。

をよぎったことは確かです。裕次郎さんがこの世からいなくなってしまうなら、生きていてもしょうがないと思ったからです。しかし、そんなことを男が人前で口にすることではないと承知していましたが、ちょうど疲れと緊張が頂点に達していたときで、森さんからやさしい言葉をかけられて、つい涙腺がゆるんでしまい、あの発言になったのでした。バカ正直というのか不器用というのか、思わず本音が出てしまうのです。

医者から「今晩が勝負」と何度か言われました。病室へ行くと、裕次郎さんの顔を見るより先に、医者の顔色をうかがうようになっていました。五月一日、食べ物を受けつけなくなり、体力も急激に落ちていきます。

入院十日目の四日、血管がもろくなっていて、手術をするのは危険な状態だと医者に告げられます。六日には左胸に水が出て肺機能も弱まります。

翌日の五月七日、容態が急変します。

この日、私は朝から「西部警察」のロケに出ていました。

昼前——十一時頃に、裕次郎さんの血圧がいきなり二一〇までハネ上がって、危険な状態になったという知らせが届きました。大動脈が急激に膨張して、このままでは死ぬというのです。後になって、記者の方々からこのときの気持ちをよく質問されましたが、とても言葉では言い表せないものでした。

しいて言えば、心の中が空白になった――そんな状態でした。

このままでは確実に死にますが、血管の状態などから手術するのも危険です。それでなくても手術の成功率はわずか三パーセントしかないのです。

しかし、三パーセントの確率に賭けるしか選択の余地はありません。座して死を待つより、手術に賭けたのでした。

緊急手術はその日の午後三時半から始まり、終わったのが夜の十時。六時間半におよぶ大手術でした。手術は成功します。

生死をさまよい、奇跡の生還を果たしたのです。三パーセントの賭けに裕次郎さんは勝ったのです。

病院で記者会見を開き、詰めかけた報道陣の方々に、手術の成功をご報告することになるのですが、実は会見の直前、主治医の井上教授は私にこう告げたのです。

「このまま麻酔が醒めない場合もあります」

つまり、植物人間になるおそれもあるということだったのです。しかも心臓の手術ということで、肺や他の器官に異常が出るなど合併症の心配もあるということで、手術の成功をご報告しつつも、私は内心、不安で胸が張り裂けそうでした。

私の気持ちが少し落ち着くのは、手術の翌日、弱々しいながらも裕次郎さんが口をきいたことです。

麻酔が醒めたことで、植物人間にならなくてすみました。そして親指を立てると、私にポーズを作りました。

裕次郎さんが得意になったときに見せるクセです。これを三回やって見せたのです。

（裕次郎さんは、きっと病気に勝つ）

このとき私はそう確信したのです。

それでも気になって、意識が戻った日の深夜二時頃、そっと病室に入ってみると、裕次郎さんが起きていました。灯りを落とした薄暗い病室で、薄目を開けたり、大きく見開いたり、一点をじっと見つめたりしているのです。

「社長、寝なくちゃだめですよ」

声をかけると、

「寝たら死んじゃう」

と、裕次郎さんはつぶやきました。

このまま目をつむってしまうと、二度と開かなくなってしまうかもしれないという、人間が本能的に持つ「死」への恐怖だったのかもしれません。

石原裕次郎を、この手で殺す

人を殺すということを生涯に一度だけ、考えたことがあります。人間としての尊厳を守るため、石原裕次郎という人間の人生の幕は、私のこの手で引くべきではないか。そんな思いがよぎったことがありました。

手術から一週間ほどして、裕次郎さんはＩＣＵから準ＩＣＵに移されます。少しずつ快方に向かっているという証ですが、それはあくまで「病気」がよくなりつつあるということであって、「精神」のほうは別の問題です。

裕次郎さんは痴呆のようなことを口走り始めたのです。

「お前、アラン・ドロンに会ってきたか？」

「アラン・ドロンとの契約、どうなっているんだ？」

「マネージャーはどうしてるんだ？」

「おい、俺のところに変なのが来ているから、お前、ちょっと追い出してこいよ」

そして突然、上体を起こすと、

「ハワイの別荘の話はどうなった？」

焦点の定まらない目をして、うわごとのように繰り返すのです。

薬の副作用による幻覚が出ることは医者から聞かされてはいても、こうして目《ま》の当たりにすると、寒気がします。

(こんな石原裕次郎を世間に見せてはならない)

咄嗟に思いました。

医者は薬の副作用だと言いましたが、

(本当に副作用なのか?)

という疑念がもたげてきたのです。

もし、石原裕次郎がこのままであったなら……。スーパースターの変わり果てた姿を世間に晒すくらいなら、私の手で殺したいと思いました。それが私の義務であり、裕次郎さんに殉じることだと考えたのです。

「万が一、社長がこのままだということが分かったら教えて欲しい」

コマサに頼むと、勘の鋭い男ですから、

「哲、つまらんことを考えるな」

と言って、私の肩を叩いたのでした。

私がそんな思いにとらわれたのは、心身の疲労が極限状態になっていたからかもしれません。

マイクロバスでの生活が続いていて、女房の俊子が毎日、洗濯物を取りに来ていましたが、そんな生活が一カ月以上も続いていたのです。

幸い裕次郎さんは回復し、無事に退院していくのですが、あのときのことを振り返ってみて、「石原裕次郎をこの手で殺す」という決心は間違っていなかったといまも思っています。もし私が裕次郎さんの立場であれば、「殺してください」と裕次郎さんに懇願するでしょう。裕次郎さんもきっと同じ思いであり、その願いに応えるのが私の役目であり、責務だと思うのです。

もちろん、命に軽重はありません。

身体が、精神がどういう状態にあろうとも、生きていること自体、尊いことです。そのことは承知しています。しかし、承知しながらもなお、石原裕次郎の回復が絶望であるなら、私はこの手でと、覚悟をしていました。

いま尊厳死ということが世界中で論議されています。天から与えられた命であり、「命の尊さ」ということを考えれば、みずからの意志でこれを断ち切るというのは許されないことかもしれません。

しかし一方で、「自分の哲学」――すなわち、人生観に殉じるという選択肢はあってもいいのではないかと、万一の場合は裕次郎さんを手にかけようと決意したときの自分を振り返って、思うこともあるのです。

回復に向けて

病状は着実に回復に向かっていました。私も何度か長期に入院を経験しているのでわかりますが、回復につれて患者はワガママになっていくものです。ノド元過ぎれば熱さを忘れるとはよく言ったもので、いざ生還すると、死線をさまよっていたときの苦しみを忘れてしまうのです。

ワガママは、まず食事に現れます。患者は一日中、ベッドに横になっているため腹が空きません。空腹感がないので食べたくないのです。しかし体力をつけるためには食事を摂らなければなりません。嫌がる患者に、どうやって食べさせるか。ここが付き添いの大仕事になります。

医者は、固形物を食べさせるように、と言いますが、

「ノドが痛いのに食べられねぇよ」

と言って嫌がり、水分ばかり欲しがります。当時、裕次郎さんには水分と塩分が大敵でした。水分は胸に水が溜まり、塩分は血圧があがるのです。注意しても聞き入れないので、これには奥様のまき子さんも手を焼いていました。

食事も、まき子さんだと甘えがあるのでしょう。ワガママを言って食べません。スッポンの

スープ、ジャガイモ、キャベツ炒め、オムレツ、おかゆなど、まき子さんが一生懸命作るのですが、医師の指示で、塩分は一日の摂取量を六gと減塩していますから「おいしくない」「欲しくない」と言って口をつけない。

そこで、裕次郎さんに食事を摂ってもらう〝食事当番〟が私になるのですが、「食べてください」とか「お願いします」といったやさしい言葉は一切口にせず、反対に、「どうして食べないんですか。天下の石原裕次郎が、こんなもの食えないのか！」命令口調で挑発すると、ムッとした顔をして、反論されました。

「哲だって、入院していたときは食べなかったじゃないか」

とか何とかブツクサ言いながらそれでも食べてくれました。このときは、何とか食べてもらおうと、私も必死だったのです。

それにしても食事から何からなにまで、まき子さんの看病ぶりは見事でした。過労と心痛で眠れない、食欲がないで、周囲の者は心配しました。全身に痙攣を起こして倒れたこともありました。それくらい裕次郎さんの食事作りと看護で毎日を費やしていたのです。裕次郎さんの生還は、まき子夫人の力がいちばん大きかったと思います。

肺機能が低下しているので、歌を歌わせてほしいという医者の要請で、「岸壁の母」を一緒に歌いました。

大声でデュエットしますから、看護婦さんも何事かとビックリ。これを一日三回くらい繰り返します。裕次郎さんも私も歌詞はうろ覚えなので、歌詞を書いた紙を手に持って歌います。裕次郎さんは息が長く続かないため、少し歌うとハァハァと荒い息をするのですが、歌うことによって着実に肺機能が高まっていくのがわかったものです。


日によって歌は、この「岸壁の母」から「裏町人生《うらまち》」に変わり、「上海だより」「ラバウル小《こ》唄《うた》」、はては「ジングルベル」にまでおよぶこともありました。

まき子夫人が作って届けられる減塩食の九〇パーセントは食べてしまうようになり、いかにも裕次郎さんらしい軽い冗談もとびだすようになられました。

裕次郎さんの願いは、一日も早く病室の窓から見える神宮の森を散歩すること。面会の人たちに会うことでした。

まだテレビ、新聞、雑誌などを疲れるから、と見ることが禁じられており、入院してから見たものはグラフ誌だけでした。

自分の入院が世間の人々にどのように受けとめられ、どれほどの騒ぎになっているか、コマサやまき子夫人などから聞かされてはいるものの、実感はわかなかったようです。

入院時に慶應病院でおこったマスコミ騒ぎをコマサが話して聞かせると、

「ほほう、オレも大スターだな。信じられないな」

と言って喜んだりしていました。

外界から閉ざされた生活をしているため、たまに許される見舞客に会うことを、とても楽しみにしていました。

そして、体の回復とともに仕事のことが気がかりになりだしたらしく、石原プロの状況をよく尋ねられました。現場にも行きたくてしかたがないみたいでした。

ロケ帰りの私がロケ弁当を見せて、「食べたいでしょう」と言うと、いかにも悔しそうな表情をしたこともありました。

そういえば、裕次郎さんが前々から欲しがっていたイタリア製の電気スタンドがあって、それを買って病室に持って行ったことがあります。カタツムリ型の上品なスタンドで、裕次郎さんは成城に新居を建てたばかりで、そこに置いてもらおうと思ったのです。新居に思いを馳せることで、退院の励みになればいいという思いも私にはありました。

裕次郎さんは病室でそのスタンドを灯すと、まき子夫人に向かって、

「もうちょっと右に置いてみてくれ。それじゃ、角度が悪いな。もうちょっと下に……」

あれこれ口うるさく言って、建築中の成城四丁目の新居のどこに置くか話をしていました。

顔色もよく、退院は遠くないと私は安堵したものです。

手術から約一カ月後を期に、石原プロは石原裕次郎のメッセージとして、こんなメモを公表しました。

〈ファンのみなさん、ご心配かけましたが、日に日に快復し、自分でも自信がついてきました。いまは心臓外科の先生方にすべてをまかせ、まな板の鯉になったつもりで頑張っています。みなさん、本当にありがとうございます。〉


峠は越えました。

裕次郎さんの今回の入院で、気恥ずかしい話ですがマスコミのみなさんは「渡哲也の献身」ということを何度も大きく取り上げてくださいましたが、普通の人間が普通のことをしたまでです。誰だって、親しい人や尊敬する人、世話になった人が倒れれば、必死で看病するのはあたりまえのことです。

私だけでなく、石原まき子さんを筆頭に、コマサをはじめ、石原プロのスタッフたちが一致団結し、社長である石原裕次郎のために必死で尽くしてくれました。

あの頃私は毎日、頑張ってくれている撮影現場のスタッフに石原社長の様子を発表しました。

「昨日は元気で食事したぞ！」

と言うと大きな拍手が起こるのです。誰もが裕次郎さんの容態を気にし、裕次郎さんが現場復帰する日を信じて待ってくれていたのです。

だから病室で、食が進まないとき、私は裕次郎さんを叱咤しました。

「それじゃ、現場のスタッフに何も報告できないじゃないですか！」

「わかったよ、哲」

と言いながら食べてくれるのですが、

「だけど、ビールをガバガバ飲みたいよ」

とボヤいたものです。

ビールのことが頭にチラつけば、回復したも同然だろうと嬉しくなったものです。

昭和五十六年九月一日、裕次郎さんは慶應病院を退院します。

お見舞に足を運んでくださったファン一万二千人、手紙五千通、花束二千束、そして千羽鶴は千束を数えました。

こうして奇跡の生還を果たし、石原プロのスタッフたちは新たなスタートに胸を躍らせました。

しかし、このときすでに裕次郎さんの肝臓がんが見つかっていたのです。大動脈瘤の手術の過程で発見されたもので、医者は手術のしようがない部位だと言いました。

この事実を知っているのは、まき子夫人、兄の慎太郎さん、そして私と専務のコマサの四人だけです。がんを裕次郎さんに告知すべきかどうか、私たちは何度も激論しました。手術ができるなら、治る可能性があるなら話すべきだと思いました。裕次郎さんなら、どんなにつらくても敢然と病魔に立ち向かっていくでしょう。

しかし、手術すらできないのです。死の宣告を受けたにも等しい裕次郎さんに、がんの告知はできませんでした。

四人の考えは同じでした。

「哲よ、美味しい酒を飲みたいよ」

退院後、裕次郎さんは療養を兼ね、たびたび新しく買ったハワイの別荘「ハレ・カイラニ」を訪れましたが、私は可能な限り付き添いました。裕次郎さんは体力の回復のため酒もタバコもやめ、ジョギングをし、ダンベルや筋トレに汗を流していました。

「早く元気になって映画を撮るぞ。今度はヘンリー・フォンダの『黄昏』のような映画を作る

❖奇跡の生還を果たした石原裕次郎は回復後、慶應病院の屋上から渡、まき子夫人に付き添われ、ファン、マスコミに手を振ってお礼をした。

つもりだ。ストーリーは……」

と目を輝かせていましたが、思うように体力が回復せず、口に出さないものの苛立っている様子が手にとるように伝わってきました。

脚本家の倉本聰さんに、映画のためにシナリオハンティングにハワイまで来ていただいたりもしました。

そのときの裕次郎さんのハツラツとした表情は忘れることができません。そんな思い出を振り返ると、がんの告知はしなくてよかったのだと、思うのです。

年月が経ったいまも、告知はしなくてよかったという思いに変わりはありません。しかし、のち私が直腸がんを経験したからでしょうか。思い切って告げたほうが裕次郎さんのためによかったのではないかという思いも正直、あるのです。裕次郎さんならがんを公表し、そのうえでがんと闘って見せたでしょう。勝とうが負けようが、がんと知らされた時点で、残りの人生を完全燃焼させたと思います。

そんなことを考えると、がんであることを知らせるべきではなかったか、という思いが捨てきれないでいるのです。

私は四十までお酒はあまり飲みませんでした。酒の量が増えたきっかけは裕次郎さんの病気からです。

裕次郎さんの肝細胞にがんが見つかってからも、病院へは、時間を作ってお見舞いに行きました。行くと裕次郎さんは、身体の調子がいいときは、ベッドから起き上がって、次の映画の企画を話し、「そのためにも体力をつけなきゃな」と、気力がすごいのです。生きることへの執念が、ものすごい人でしたから。ところが私たちは、もう手遅れだってことを知ってるわけです。それがつらくて、つらさを忘れるようにして飲むようになったのです。

あれは昭和六十年十二月二十八日のハワイでのことです。実は裕次郎さんと私は誕生日が同じ十二月二十八日なのです。この日、裕次郎さんは五十一回目、私は四十四回目の誕生日でした。

朝食を摂りにダイニングに現れた裕次郎さんは、疲れた表情をしていました。

「何だか寝不足みたいな顔をしていますね」

私が軽口を叩くと、

「ゆうべ一睡も出来なかったんだ」

と、独り言のように口を開いて、

「俺の親父が死んだのが五十一歳のとき。それで昨日の夜ベッドに入りながら、このまま目をつむって眠ってしまったら二度と目が覚めないいんじゃないか。そんな思いにかられたら朝まで眠れなかったんだ」

そんなことをおっしゃるのです。

ドキリとしました。肝臓がんのことは伏せているにもかかわらず、裕次郎さんは、自分の身体に異変が起こっていることを無意識に感じ取っているのではないか。そう思ったのです。このとき私は何と言って応じたのか記憶がありません。筋トレのやり過ぎで疲れているんじゃないですか――たぶん、そんなことでも言って笑いでごまかしたように思います。

開けて正月。

その夜裕次郎さんは、別荘のテラスから満点の星空を見上げながら、

「哲よ、人間の幸せって一体何なんだろう。いま仮に、仮にだよ、俺の生命がまだ十年あるのなら、それが二年になってもいいから、飲みつぶれるまで、美味い酒を飲みたいよ。健康であることが、一番の幸せだよなぁ……。それでも、俺はやはり飲みたいよ、美味い酒を」

と、つぶやくように言います。

(この人は死期をさとっているのではないか)

そうとしか思えないような言葉でした。熱いものがこみ上げてきましたが、泣くわけにはいきません。返事をすれば、涙声になってしまいます。

❖昭和56年1月ハワイ・ホノルル。石原裕次郎、神田正輝とゴルフを楽しむ。このわずか3カ月後、石原裕次郎は大動脈瘤の手術入院を。

私はただ、裕次郎さんの隣で夜空の星を黙って見ていました。

(酒を、ビールを飲ませてあげようか)

ふと、そんな思いにとらわれましたが、そんなことをすれば死期を早めるだけです。大動脈瘤の手術で、生還率三パーセントという奇跡を起こした裕次郎さんです。奇跡は一度とは限りません。望みは棄てない限り、絶望とは言わないのです。

亡くなる前年の昭和六十一年五月、症状が悪化して裕次郎さんはまき子夫人と急遽、帰国して慶應病院に入院します。医師団は特別医療チームを編成して肝臓移植まで検討してくださいましたが、大動脈瘤という大手術をしてから、まだ二年。移植手術は裕次郎さんの体力がもたないという結論に至っています。

このとき医師から、

「もって一年」

と告げられていましたが、このときも裕次郎さんには、死の宣告を受けたにも等しいがんの告知はとてもできませんでした。

帰国して慶應病院に入院したころから、隠し続けるつらさのあまり私は酒の量が相当に増えてきました。

病室へ入ると、裕次郎さんがベッドの上で次の映画の企画を考えています。

「哲、こんなストーリーを考えたんだが……」

と、体調の悪さに顔をしかめながらも、熱く語ります。しかし、もって一年という余命宣告を受けているのです。どんなに企画を考えても、映画を撮ることは絶対に実現しないのです。そのことを私は知りながら、裕次郎さんの企画に耳を傾け、意見を言う。

それが、つらかった。夜、家に帰って寝床に入っても、裕次郎さんのことを考えると眠れません。睡眠薬を飲んでも眠れない。それで飲めない酒に頼ったのです。若い頃、毎晩のようにクラブだバーだと裕次郎さんに引っ張り回され、それが苦痛で苦痛でしかたなかった私が……。不思議なものです。

「哲、このワイン最高なんだよ。一杯いってみろ」

そう言って注いでくれた裕次郎さんの笑顔が浮かんできます。ビール一杯で顔が真っ赤になり、二杯目で気持ち悪くなってもどしてしまう私が、「いただきます」と言ってワインを何杯か飲み干し、フラつく足でトイレに行ってゲーゲーやった若い日が思い出されます。

裕次郎さんは、お酒が好きで、人が好きで、そして淋しがり屋でした。

『富士山頂』という映画の撮影で、御殿場の山の中へ行った時のことです。撮影が終わりますと、スタッフ、俳優、その映画関係者が一堂に会して食事、そして十二時まで飲み会になります。

私は、次の日朝五時出発のロケでその上、十八行の長いセリフがありましたので、そうそうに切り上げ、部屋でセリフを覚えておりました。

そのうち、「お疲れさん」という声が聞こえてきました。

飲み会が終わったんだと思いながら、裕次郎さんが自分の部屋に立ち寄らないことを願いつつ、電気を消して床に入りました。向こうから廊下を歩いて来る、スリッパの音が聞こえました。私の部屋の隣が裕次郎さんの部屋なのです。

私の部屋を通過し、自分の部屋へ入って行きました。

（今日は、大丈夫だ）、と思ったとたん、石原の部屋のドアが開き、私の部屋の前に立ち、中をうかがっている気配がしました。

そのうち、ドアが開き「哲……哲……」ここで負けてはだめ……、と寝たふりをしました。

「哲……」もうだめですね。

「はーいどうしたんですか？」

「オー哲、寝てたか……悪かったな起こして」

悪いと思うなら、起こさないでくださいと思うのですが。

「哲の所には、酒ねえよな……」

❖正月のハワイバカンスには、必ず裕次郎と過ごした渡哲也。人生について、仕事について、家庭について、そして未来について二人は多くの時間を共有して語り合った。

「そりゃ僕んとこには無いですよ」

「どうも飲み足りないんだよ。酒屋もこんな時間じゃやってないよな」

といいながら石原の目は、「酒を探して来い」という目なのです。

しかたなく調理場へ行きました。行ったのですが、旅館中の酒という酒を飲み会で全部飲んじゃって、何も無いんです。戸棚の下に包帯が巻いてある一升ビンがありました。持ってみると重いのです。

新聞を丸めて栓をしてあるのですが、栓を抜いて匂いを嗅ぐとお酒の匂いなのです。お客さんが飲んであまったお酒を集めて料理に使う燗冷ましだったのです。

その燗冷ましとニンニク、冷蔵庫からバターを持って帰りました。

部屋にある石油ストーブに火をつけ、ヤカンを乗せる台があって、そこにバターをひいて、ニンニクを焼いたのです。

ニンニクをつまみに裕次郎さんは、

「哲……これ最高だね……」

何が最高ですか……。

とうとう翌朝、一睡もしないでロケに行くはめになりました。裕次郎さんは撮影は無しでした。でもあの笑顔を見るとすべてを許せてしまう、そんな人なのです。

そんなことが懐かしい思い出として蘇ってくるのでした。

社長業を引き受ける

昭和六十二年七月十七日午後四時二十六分。

裕次郎さんは慶應病院で眠るかのように息を引き取ります。

死亡確認のため、医師が裕次郎さんの胸に聴診器をあて、

「ご臨終です」

と告げ、遺体に一礼されました。

「うそだ！」

まき子夫人が激しく何度も泣き叫び、

「起きなさい！　裕さん、起きなさい！」

と揺り起こすように裕次郎さんにすがりつき、絶叫して泣き崩れた姿を、私は生涯、忘れることはないでしょう。

私は泣いてばかりいられません。石原プロの副社長として、石原裕次郎の死をマスコミを通じてファンのみなさまにご報告する責務があります。

ただちに病院の臨床講堂で記者会見を開き、私は石原の死を公表させていただきました。

「石原は五月より入院しておりましたが、本日午後四時二十六分、われわれの見守るうちに他界しました。石原はここ三年、肝臓がんと闘っておりました。われわれの祈りも、石原自身の病に対する不屈の闘志も報われることなく亡くなりました。まき子夫人の〝裕さん、頑張るんですよ〟の声に二度ばかりうなずき、まるで眠るように息を引き取りました。六月上旬ぐらいからは石原も死が近いのを覚悟していたようです。〝たぶん、今回で病院からは出られないだろう。どうしても映画をやりたかったが……俺がだめになったら、お前が作ってくれ〟とおっしゃられ……。自分に激しく、体にムチ打つつらい日々でしただけに、これだけやっても助からないものは助からないのか、と天を恨んだこともあり、なんとも言葉がありません……」

享年、五十二歳。いま思うと、男として、まさに旬の年齢だったと思います。

「哲、退院したら絶対に映画をやるぞ」

私は、遺言のようなこの言葉を胸に刻むのですが……。


悲しみにくれる一方、石原プロをどうするかということが喫緊《きっきん》の課題でした。

裕次郎さんは生前、「俺が死んだら会社をたためばいい」とおっしゃっていました。

残った者に会社経営の苦労をさせたくないという親心だったのでしょう。私は裕次郎さんに

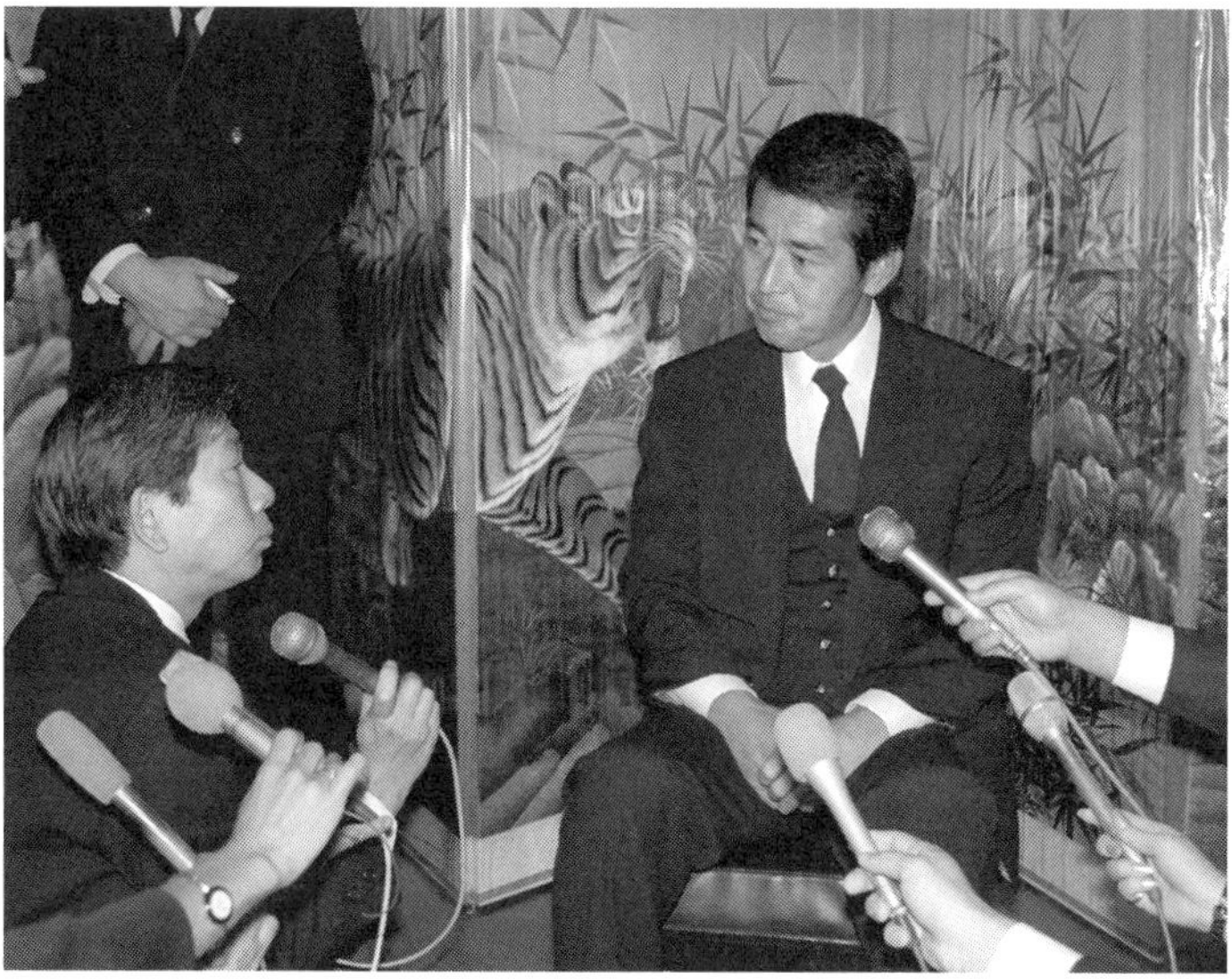

❖石原裕次郎の逝去によって、渡哲也は、後を継いで石原プロモーションの社長となった。一度は断ったものの小林正彦専務の説得によって「裕次郎さんの名を汚さないよう努める」と受諾した。

❖昭和62年7月17日、午後4時26分、慶應病院新館5号棟の10階1号室で石原裕次郎は亡くなった。享年52歳。渡は通夜、告別式、49日法要、納骨と石原まき子夫人に終始、付き添った。

心酔して石原プロに入ったのですから、裕次郎さんがいなくなったいま、石原プロにいる意味があるかどうか、と悩みました。

ところが、役員会の決議を経て、まき子夫人とコマサから、私に社長業を引き継ぐよう要請がありました。

再三に渡って辞退を申し上げました。私は裕次郎さんのように度量も器もない人間ですし、俳優は本来、会社経営をやるものではないと考えていました。ですから石原プロを背負っていく自信がなかったのです。それに、「俳優渡哲也」としても、新たな道を拓《ひら》いてみたい、という気持ちもありました。

高倉健さんがそうであるように、「俳優は一匹狼であるべきだ」との原点に戻り、組織から離れ、仕事を選びながら俳優の仕事を続けていきたい、という気持ちも強かったのです。

そんな私にコマサは、こう言いました。

「哲よ、お前さんはいいよ、辞めても食べていけるから。だけど、食えないヤツはどうするんだ？　それでもお前さんは平気なのか？」

石原プロには大勢の社員がいます。社員を路頭に迷わすわけにはいきません。裕次郎さんに直接任命された副社長という立場を考えれば、社員に対する責任のためにも社長を引き受けるのが、男として筋と考えたのです。そして「俳優渡哲也」を再び封印して、社長を引き受ける覚悟を決めたのです。

裕次郎さんは亡くなるまで「また映画をやりたい」と言い続けていたので、なんとか実現したいのです。実は、二十数本も脚本をお願いしてはボツ、またお願いしてはボツになっていました。

映画会社のように財力があればいいのですが、我々の場合は一つ間違ったら社員を路頭に迷わす結果になります。

昭和六十二年十月十九日、私は石原プロモーションの社長に就任いたしました。

覚悟はしていましたが、社長業は自分で思う以上に大変でした。

第六章

壮絶なる日々

腸のポリープ

不幸というのは、そっと背後に忍びより、いきなり足もとをさらってしまうもののようです。私にとって人生最大の試練は、石原プロの社長を継いで三年が経った平成三年六月二十日、四十九歳のときにやってきます。直腸がんの全摘手術でストマ（人工肛門）をつけることになったのです。

私にとって、がんの告知よりも、ストマをつけることのほうが大きな衝撃でした。俳優というのは全身で表現する仕事であって、健康体であることが絶対条件です。役柄によっては裸にもなりますし、風呂にも入らざるを得ません。

（そのとき、果たして自分は平然とやっていけるのだろうか？　ストマになって生きながらえても俳優たりうるのか？）

　この思いに苦しみました。

　ストマになった何十万人の方々が元気に暮らしてらっしゃることは承知しています。しかし、私は俳優です。すでにお話ししたように、父賢治もがんの手術でストマになっていました。発見が遅く、がんとわかったときはもう手遅れでした。手術して、丸四カ月ぐらいストマをつけて生きていましたが、いまほど技術が進んでいませんでしたので、ストマのまわりがただれたりして、父は苦労していました。当時、ストマは用具もいいものがなく、洗腸のシステムも確立していなかったので大変だったのです。父の苦労を間近で見ている私は、そのイメージが強烈で、ストマになることは「俳優渡哲也」の命が絶たれることだと思いました。

（そうまでして生きることに何の意味があるのか）

　何度も何度も自問し、答えが出ない袋小路で悩み、苦しみました。全摘出でなく部分切除で何とかならないかと、最後の最後まで望みを託したのでした。

　手術後、私はストマであることを公表する決意をします。弟の渡瀬恒彦は、

「そこまでプライバシーを公表する必要はないじゃないか」

と強く反対しました。

しかし、私は隠すことを潔しとしませんでした。そういう生き方は、私には耐えられないことでした。ストマになったことを公表して、堂々と生きていきたいと思いました。ストマであることが、あるいはストマを公表することで俳優生命が断たれるとしたなら、それも人生だろうと、このときは気負いもなく、淡々と思ったのでした。

発端は、私の何気ない一言でした。

月に一度の定期検診のため、この年――平成三年の二月十九日、虎の門病院に行ったときのことです。

「このところ下痢が続いているんです」

私が言うと、検診の先生は、

「渡さんも、もうすぐ五十歳。若くはないんだし、このあたりで一度大腸を検査しましょう」

とおっしゃいました。

それでバリウムを飲んだところ、ポリープが二つ――直腸の上にあるS字状結腸とその奥の下行結腸に、それぞれ五ミリ、七ミリ大のポリープがあることがわかりました。ポリープを切除するため、内視鏡検査をすることになりましたが、仕事が忙しくて日程が取れず、受診したのは、それから二カ月ほどが経った五月二十一日のことでした。

内視鏡を入れてみると、ポリープは二つではなく、四つありました。四つのうち三つは突起状のものだったので、内視鏡の先端で切り取りましたが、残りの一つは直腸にできていた平板なポリープでした。突起していませんから、内視鏡を使って切り取るわけにはいきません。細胞組織を一部切除して組織検査にまわしました。結果的に、直腸に巣喰っていたこの平板なポリープが悪性のがん細胞ということになるのですが、

「平板なポリープがあってそれだけは取れませんでした。簡単な手術ですが、切除することになるかもしれません」

とだけ、先生から説明を受けました。その口調から、まさかそれががん細胞だなどと疑いもしなかったのです。

内視鏡検査の二日後、先生は石原プロ専務のコマサを病院に呼んで、私ががんに侵されていることを告げるのです。コマサが石原プロの窓口役で、私の定期検診や、このたびの内視鏡検査など折衝していたからでしょう。また、私が俳優であることから、今後の対処法について、コマサと相談したほうがいいと判断されたものと思います。

「病変はどこまで進行しているのか」「手術の危険性はどうなのか」「どういった手術で、どんな経緯をたどるのか」「端的にいって生命に別状はないのか」——といったことをコマサは矢継ぎ早に質問したそうです。

これに対して先生は、

「渡さんは大丈夫だと思います。腸の内壁に平板なポリープが生じている。内壁は三層になっていて、ポリープが三層のさらに内側まで届いているとちょっと深刻ですが、早期発見だから、表皮の部分を削ってしまえば、平板なポリープも一緒に取れるでしょう」

この説明にコマサは安堵しつつ、ふと気になって問いました。

「だけど先生、最悪の場合はどうなんですか」

「最悪の場合は全面切除になるでしょう」

このとき初めてコマサは、ストマ（人工肛門）という言葉を耳にして衝撃を受けたと、のちになって語ってくれます。

コマサは、私にどう告げればいいのか、この日から悩みます。コマサも私も、石原裕次郎の余命を知ってから、三年に渡って隠し続けたときの苦しさを知っています。このとき、「俺たちが病気になったときはお互い隠さずに真実を知らせあおう」と二人で約束していたからです。

俺は、がんなのか

コマサが病名を知ってすぐ、彼と私は仕事で九州に出かけました。このときコマサは話そうとしたそうですが、私が忙しくしていたため、とうとう言い出すチャンスがなかったと言います。

九州から帰ってきた五月二十九日、コマサはホテルニューオータニのティールームで、私の女房の俊子にがんであることを告げます。

コマサらしい気遣いで、俊子の動揺に配慮してくれたのですが、女の勘は鋭いもので、コマサに呼び出しの電話をもらったとき、

（来た！）

と思ったそうです。

内視鏡検査のときに、医者が私にポリープの説明図を描いてくださったのですが、それを私が自宅の食堂に置き忘れていて、俊子がそれを偶然目にしていたのです。絵の意味は詳しくはわからなかったそうですが、何となく胸騒ぎがしたと、後で私に話してくれました。

だからティールームで、コマサから告げられたとき、

「ああ、あの平板なポリープの絵が……」

と妙に納得したといいます。

このときの心境を、俊子はのちにこんな言葉で語っています。

「うすうす覚悟していたことも少しはあったのかもしれませんが、それよりも、小林専務の告

知はほんの序曲に過ぎず、終わりではなく、始まりだと感じたからなんです。これから長い不安な日々がやって来る。その不安は得体の知れない、推し測ることの出来ないものに違いない。がんに侵されていることを夫が聞いたらどう思うのか。何と言うのか。夫が病名を知ったときから、二人して不安な日々をきっと受け止めることになるのだろう……」

俊子のこの言葉を知って、がんに苦しむのは当人だけではなく、いや当人以上に家族が苦しむのだということに、私は改めて思い至るのです。

さらにコマサは、その翌日、弟の恒彦の耳に先に入れておくという配慮をしてから、私の自宅にやってくるのです。

コマサがわが家に来たのは六月二日の午前十一時前でした。十一時半の約束でしたが、三十分も早く来宅したので、よく覚えています。仕事のことで、会社では話せないことでもあるのだろうと思っていました。俊子も普段と変わらぬ態度ですし、私の病気のことなど夢想だにしませんでした。

家に来るなり、コマサは俊子が同席する前で、

「渡さん、実は腫瘍があるんだ」

とコマサが切り出したとき、一瞬、私は言葉につまりました。いつもなら「哲」なのに「渡

のでしょう。

さん」とさん付けを使う。〈なにかあったな〉頭が真っ白になるとは、ああいうことを言う

ようやく私は口を開きました。

「腫瘍って、良性か、それとも」

「悪性だ」

「悪性の腫瘍ということは……、俺はがんなのか？」

コマサがうなずき、決して「がん」という言葉を口に出さないよう気を配りながら、病院で詳しく聞いてきた手術について、包み隠さず話してくれました。

「手術は簡単で安全だから、ぜひ受けてくれ」

と言います。

ストマについても、

「患部が直腸の奥、五センチ以上の部位にあれば、つけなくてもすむから」

と話を続けましたが、もはや耳に言葉は届かず、私は親父がストマをつけていた姿を思い浮かべていました。

（なんで、自分が……）

呆然としていました。

いままで大病は幾度となくしましたが、がんのときだけは、なんでこんな病気になったんだろうと考えました。まさか自分ががんになるとは思ってもみませんでした。

がんになったとき、四十九歳だったのです。年を取ってからならともかく、その年でがんとは……。「もしかしたら」と死というものを考えました。コマサからがんと伝えられたとき、「ああ、俺もこれで終わったな」と正直思いました。

そのとき、頭に浮かんだのは家族のことであったり、会社の仲間のことであったりしたのです。

（自分がいなくなったら、家族はどうするのだろう、会社はどうなるのだろう）

とそんなことを自問自答したのでした。

〝助かる〟ということなどは考えませんでした。

死への恐怖は不思議となく、ストマだけは絶対に嫌だという、そのことについて頭が拒否反応を起こしていたのでした。

重苦しい沈黙に耐えかねるように、コマサが言います。

「哲よ、お前はたしかに俳優だ。俳優である以上、仮に人工肛門になったとしたらハンディになることは間違いない。しかしお前は俳優と同時に石原プロという会社の社長でもあるんだ。

診断書

氏名　渡瀬道彦　殿

明・大・昭・平　16年12月28日生

病名　直腸ポリープ
（悪性化）
入院・手術・加療を必要とする。
入院期間は1ヵ月の見込み。

上記の通り診断する

平成3年6月3日

東京都港区虎ノ門二丁目2番2号

国家公務員等共済組合連合会

虎の門病院

医師　[redacted]

#63-0301　90.12.　2×50×100（高）

❖診断の結果、6月12日に虎ノ門病院に入院、手術予定日の6月20日まで、精密検査が行われた。そして渡哲也は人生の時を越える。

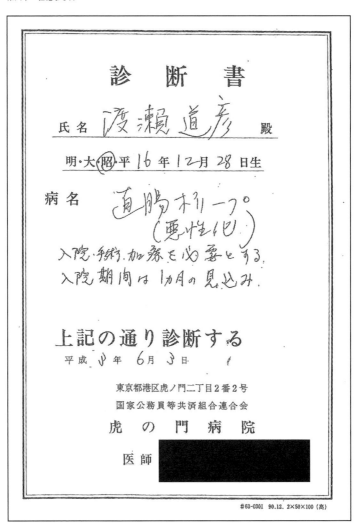

会社のことも考えなきゃいかんのじゃないか。それに家族というものもあるだろう。家族のことだって考えなきゃいかんのじゃないか。そういうことを全部ひっくるめて生きていかないと、俳優としてというよりも人間として、生きていく意味がないんじゃないか」

私は返事ができませんでした。

俳優であることも大切なら、会社も大切ですし、家族も大切。すべてが大切で、私の中には優先順位などはないはずなのに、いざ病名を知らされてみると、

「ストマは嫌だ、俺は俳優だ、そうまでして生きることはない」

という気持ちにとらわれてしまう。

コマサは「俳優としてよりも人間として生きていく意味」と言いましたが、人間は社会との関わりの中で生きています。社会と関わるとは、何らかの形で社会的な役割を担うことだと思います。

俳優として在《あ》ることが私の社会的役割であり、存在価値とするなら、「俳優としてよりも人間として生きていく意味」というものは成り立たないことになるのではないか。コマサに返事が出来なかったのは、そんなことを自問自答していたのだと思います。

「断崖から手を放って事後を待つ」という言葉があります。指先でかろうじてぶら下がっている断崖から手を放てばどうなるか。死にます。しかし、本当に死ぬかどうかは手を放してみな

ければわからない、という意味だと仄聞《そくぶん》します。「死中活得」——死中に活を得るという意味と同じです。あれこれ思い悩んでも解決にはなりません。手術だってやってみなければわかりません。

必死に説得を続けるコマサに私は、

「コマサ、病院のほうの手配を頼む、またみんなに迷惑をかけるな」

と告げたのでした。

手術を決心したのは、弟恒彦が「助かる方法を選択するべきだ」と説得したことも背中を押したのです。

私はよく「人生は、なるようにしかならない」と言います。

それが私の生活上のモットーみたいなものなのです。ですから、はなから病気と格闘する気はないのです。病気と同調するというか、病気に身をゆだねるという言い方がいいかもしれません。

振り返れば昭和四十九年、熱海病院に入ったときも、昭和五十年に東大病院に入院したときも、親しくしていただいた患者さんが次々に亡くなっていきました。あれは熱海でしたが、私の病室にいつも来るようになった千葉の青年がいて、よく本を借りにきていたんです。午前中「この本を貸してください」と部屋にきて、午後になると容態が急変して亡くなったり、東大病院でも、カップヌードルをふうふう一緒にすすりあった仲間が、白血病で死んでいきました。

人間の命というのは儚いものだと思ったものです。「なるようにしかならない」と言うのは、もちろんもともとの性格もあったでしょうが、こんな経験からだんだん身についていったのかもしれません。

人間って平等じゃないですね。つくづく平等じゃないと思う。ある人は死に、ある人は生き残る。それを誰が決めるのでしょう。神様ですか。

息子の涙

コマサの口から直腸がんであることを知った翌日、私は大学一年になった息子の暁史に自分の口から事情を話しました。暁史は未熟児に近い体重で生まれ、チアノーゼが出て「一週間もつか」と医者に言われましたが、すくすくと育ち、青山学院でラグビーをやっていました。体格も私をしのぐほどになっています。

「暁史、お父さんはがんだ。でも早期発見だから命に別状はないと思う。お前はいま学生で学ぶべきことがたくさんある。お父さんががんだからといって動揺せずに、いままでと同じように過ごしなさい」

❖昭和56年1月、ワイキキ沖の海で渡と長男暁史くん、石原裕次郎とのスリーショット。子供がいなかった石原裕次郎は、暁史くんをことのほか可愛がった。それから10年後、大学生になった暁史くんは父、渡哲也に男として向かい合った。

そんなことを言ったと思います。

「わかった、お父さんも頑張ってください」

と言って泣きだしそうになっていましたが、涙をこぼすものの、それ以上は涙を見せまいと必死になって我慢している息子を見て、私もつい熱いものがこみあげてきたものです。

折りに触れてご紹介したように、私の父は厳格で、とにかく猛烈なスパルタでした。「地震、カミナリ、火事、親父」と言いますが、私の場合、怖いのは地震でも、カミナリでも火事でもなく「おやじ」でした。

そんなおやじに育てられたので、息子にはやさしく接するかというとそうではなく、私も親父と同じように厳しく当たりました。暁史が二、三歳のとき、気に入らないことがあると、意を通そうとして食べたものをわざと吐くようになったことがあります。私はそれを許しませんでした。真冬でしたが、暁史を裸にして風呂場に閉じ込め、

「もどすならもどせ。吐くのなら吐けー」

泣きじゃくりますが、謝るまで出しませんでした。

家族で食事に出かけたレストランで、行儀が悪いことをしたので、暁史を店から引っ張り出して叩いたこともあります。

さらに、暁史が成長するにつれて厳しさは一段と増し、私は頑固おやじで殴る蹴るもしょっ

ちゅうでした。

「男らしく堂々と胸を張って生きろ」

「男として自分の行動に責任を持て」

いつも息子にそう言いきかせたものです。


そういえば、息子が幼稚園にかよっていた頃のことです。悪ガキ三人と喧嘩し、負けたことが悔しいので、どうやってやり返したらいいかと相談をしてきたことがあります。

「よし。じゃ、その三人の中で一番強いと思う奴をまずやっつけろ」

とアドバイスしたら、翌日、そのとおりにやってやっつけたのです。息子は私が仕事から帰るまで寝ないで待っていて、

「お父さん、やったよ！」

と得意そうに報告したものです。

その暁史が、「お父さんはがんだ」と言ったら涙をこぼしました。父親より図体が大きくなったといっても、泣き顔は幼いときの表情そのままでした。

私の親父は直腸がんでした。私も直腸がんになった。親子二代が続けて直腸がんになっているのです。昔は、がんは遺伝すると言われましたが、近代医学はそれを否定しています。しか

し、がんは遺伝しなくても、がんになりやすい体質というものは遺伝するのではないか。この子にだけは、つらい思いはさせたくありません。もし息子もがんにかかるようなことがあるのなら、親として身代わりになってやりたいと、息子の泣き顔を見つめながら思ったのです。

六月十二日、私は虎の門病院に入院します。問題は、九月までに片づけなければならない仕事が五本ほど入っていることです。その中にはオーストラリアへ行く予定も入っていますし、コマーシャルの仕事もある。生半可な理由で、これらをお断りするにはいきません。そういうこともあって、公表に踏み切ったのです。それに、隠してもいずれわかることです。だったら最初からがんであるとハッキリ言ったほうがいいという考えもあったのです。

全摘出と部分切除の葛藤

入院してから手術予定日の六月二十日まで、精密検査が行われました。それを踏まえて直腸の全摘になるか部分切除になるか、先生と私とで突っ込んだ話し合いがもたれました。手術一週間前にして、全摘――つまりストマでいくかどうか最終決定をしていたわけではないのです。

先生方は、部分切除でいけそうなニュアンスでした。

「部分切除の線で手術をしてみて、もしがんが他の部位、たとえばリンパ腺に転移していることがわかったらもう一度、人工肛門の手術をしましょう」

これを聞いて、私の心は躍りました。ストマを覚悟したはずなのに、「部分切除」という言葉が飛び出すと、藁をもすがる思いでした。

ただ、懸念は私の肺機能でした。ひどく低下していました。手術をするための全身麻酔は肺への負担が大きいため、一回目の手術をやって、がん細胞がどこにも転移していなければ問題はありません。しかし転移していた場合、人工肛門のための再手術に私の肺が耐えられないだろうと先生はおっしゃるのです。

結局、手術は一回ということになりました。一回の手術で万全を期すには必然的に人工肛門しかありませんが、逆を言えば「一回目の手術をやって、がん細胞がどこにも転移していなければ部分切除でいい」ということでもあります。先生の話を聞いていると、部分切除ですむ可能性がないわけではなく、万全を期すためのストマということになります。

ここに、割り切れなさと迷いが、私に生じます。

「なあコマサ、手術を受けるのは俺なんだ、その俺に選ぶ権利はないのか」

手術前日の六月十九日、私はコマサに言いました。

「転移しているかどうかはわからない。ましてがんが再発するかどうか、そんなことは誰にもわからない。開けてみないとわからないんなら、俺は賭けをしたい。一回の手術で、部分切除のほうに賭けてみたいんだ」

医者でもないコマサに言葉はありません。それが、私の気持ちに応えるコマサの精一杯のやさしさだったのだと思います。私が一方的に憤懣を口にし、コマサが黙ってうなずいていました。

「人工肛門になって、俳優として通用するのか。ラブシーンで相手の女優が何と思うか。こんな人と芝居をやってられない、そう思うに決まっているじゃないか。逆を考えてみればわかるさ。相手の女優さんが人工肛門をつけてるとしたら、正直いって俺はラブシーンなんかやれないよ。もちろん役者なんだからそこそこは合わせられるだろう。しかし芝居は顔だけでやるもんじゃない。心情的なものを含めて全身で表現できなかったら、やっぱりおかしいことになるんだ」

手術を前にして、私は俳優として、ストマとの折り合いをどうつけたらいいのかわからなくなっていたのです。

その夜、主任教授で虎の門病院副院長の秋山洋先生が病室に来られました。先生はあらためて、

「二度の手術をするのは体力的に無理なことと、再発の危険性を防ぐ意味で全摘にします。部

分切除は諦めてください」

と、やさしい口調でおっしゃいました。俳優としての私の苦悩を察しての言葉でした。涙が出そうになり、必死でこらえましたが、抑えることが出来ませんでした。

私は、なぜあのとき泣きだしそうになってしまったのでしょう。人前で涙を見せることなどない。誰かのためならまだしも、自分のことで涙を流すことなど軽蔑しているはずの私が、なぜ涙を抑えきれなかったのでしょう。最後の最後まで、人工肛門に対するわだかまりがあったのでしょうか。

やはり私は俳優なのでしょう。俳優という仕事への執着が、人工肛門への怖れとなって、涙が出たということなのでしょう。いまにしてそう思うのです。

私を案じて見守ってくれているコマサにも女房にも、

「俺はもう納得してる。言われた通りでいいんだから心配しないでくれ。明日は頑張る」

と言いました。そして秋山先生には、

「わかりました、お願いします」

やっとの思いで答えたのです。

私はふっきれた思いで、手術日の朝を迎えました。昨夜、涙があふれそうになった自分が嘘のようです。腹はくくっています。ストマについて自分なりに得心していますから、晴れ晴れとした気持ちでいたのです。

手術開始の九時まで時間があったので、この日も肺機能を高めるための呼吸器の訓練を始めました。思えば、これが混乱を引き起こすことになるのです。

入院以来ずっとその訓練をしているお陰で、肺機能はどんどんよくなり、その日も調子がよかったのです。それで、傍についていてくれているコマサに、

「なあコマサ、俺の肺はこんなに強いのに、ほんとに二回の手術はできないのかなあ」

と言いました。

ごく自然に出た軽口で、ストマに対するわだかまりはまったくなかったのですが、コマサは感ずるところがあったのでしょう。手術が始まる直前、コマサは先生のところへ掛けあいに行ったのです。

そうと知らない私は予定どおり手術室に運ばれます。ところが、執刀予定の九時になっても先生方が入ってきません。ようやく十時になって手術は始まったのです。コマサが先生に掛け合ったせいであることを、私はもちろん知りません。そして、本麻酔の前の予備麻酔をされて、意識が朦朧となってきたときでした。

耳元で、たぶん秋山先生だと思いますが、

「渡さん、渡さん、部分でいきますからね」

という声が聞こえたのです。

(えっ、部分？)

と反芻するのと意識を失うのと同時でした。

そして約四時間後、意識が回復すると手術は終わり、私は病室のベッドにいました。身体中に管がいっぱいついていて、すぐ傍に女房がいます。

「おい、俺、部分だったよ」

私が言うと、女房は顔を横に小さく振って
「いいえ、部分はだめだったんですよ。思ったより悪かったから……」

と答えたのでした。

手術直前の〝直訴〟

手術の前日から当日にかけて、私の知らないところでいろんなやりとりがなされていました。

手術前夜、秋山先生が病室にいらして全摘でいくことをあらためて告げ、「わかりました」と私が涙をこらえて返事したのは、すでにお話ししたとおりですが、私が眠りについた後、コマサと俊子と弟の恒彦の三人が集まっていろいろ相談したのだそうです。

そのとき弟が、

「俳優が人工肛門をつけるということは、ある意味では俳優生命を断つに等しい、兄貴があれだけ部分切除を望んでるのに、このまま手術を進めてしまっていいんだろうか」

と言い出したといいます。

すると俊子が、ずっと心に引っかかっていることがあると言って、こんな話をしたそうです。以前、俊子も同席し、ストマについてコマサと話し合ったときに、「家族のことも考えろ」と言われたので、私は、

「女房を目の前にしてそのセリフには反論ができないな」

と答えました。

これが俊子にはこたえたと言います。コマサが私と二人きりのときにそう言ったのであれば、私のことだから、

「家族なんかどうでもいい。俺はとにかく部分切除でいくんだ」

と言い張ったかもしれません。俊子にしてみれば、「夫が全摘に納得したのは、その場に自分がいたからではないのか。もし私が同席していなければ……」という思いを、手術の前夜まで引きずっていたのでした。

私は亭主関白で、俺について来いというタイプです。結婚以来、ずっとそうやってきましたし、俊子もよく仕えてくれています。しかし俊子はきちんと主体性をもって物事を考える女です。

「人工肛門なら再発の可能性がないから安心です」

と医者に言われても、私自身がそれを望んでいないことを充分すぎるほどわかっています。「家族のため」という理由で人工肛門になって、鬱々とした状態で私に生き延びられるのは俊子にとって本意ではない。本当にストマでいいのか——女房は疑問をいだいたまま、その夜はいったん帰宅したそうです。

そして、いましがた病院でかわした話を暁史にして、

「お父さんは家族のためにストマにすることになったのよ」

と告げたところが、

「それはないと思う。お母さん、お父さんのやりたいようにやらせなきゃいけない。それしかないよ」

暁史はキッパリと言ったそうです。

この言葉によって、俊子はいままでのこだわりがスーッと消えて、翌朝、「部分切除を希望する」という自分なりの結論をコマサに伝えたのでした。

俊子を諭すような息子の言葉、暁史は、いつの間に大人の男になってくれていたのです。

恒彦の方も「助かる方法を選択すべき」と説得したのです。

コマサは徹夜で病院に詰めていました。彼も悩んだ末に、やっぱり人工肛門はやめて部分切除でいって欲しいと先生に頼むつもりでいたといいます。私はストマで腹をくっていましたが、心の奥底では納得していないことを、苦楽をともにしてきたコマサは見抜いていたのでしょう。

だから朝、私が呼吸器の訓練をしながら、

「ほんとに二回の手術はできないのかなあ」

と言った言葉に反応したのです。だからコマサと女房が顔を会わすやいなや、「部分切除に賭けよう」と意見が一致したわけです。

コマサは手術室の前で先生方を待っていて、

「部分でやってください」

と、頭を下げてお願いをしました。〝直訴〟です。九時の執刀の予定が一時間ほど延びたのは、手術チームが協議したためだったのです。

そういう経緯があって、部分切除でいくという結論になり、私が麻酔がききはじめたころ耳にした「渡さん、部分でいきますからね」というあの声になるのです。

いざ執刀が始まると、コマサも俊子も「これでよかったのだろうか」という不安が襲ってきたそうです。部分切除を選択したため、一年かそこそこの命だと言われたらどうしようというわけです。

ところが、しばらくして手術室にコマサが呼ばれます。

「小林さん、部分じゃだめだ。腸壁の裏側まで腫瘍がある。この状態では部分切除の域を越えている。医者は安全を第一に考えなきゃいけないんだから、やっぱりストマにする以外に方法がない」

と、秋山先生に告げられるのです。

結局、私は直腸を二十五センチ切除しました。秋山先生はコマサを呼んで、切除した直腸を見せて、

「犯人はここですよ」

と直腸の内側を見せてくださったそうです。芥子粒のようなものがポツポツと四つくらいまとまってあり、

「これが犯人ですか?」

と確認すると、先生は大きくうなずいたそうです。

コマサはこの顛末を話してから、私を元気づけるためでしょう。

「こんなところに腫瘍があるのなら、やっぱり全摘もしょうがないなと思ったよ」

と言いましたが、私は納得せず、直腸の形状について詳しい説明を求めました。

「コマサ、がんの進行状態はお前の肉眼でもわかるほどひどい状況だったのか？　やはり全摘しか方法はないと思えるほどだったのか？」

「俺も初めて見たものだから比較のしようがないが……。しかし、手術はもう終わってしまったのだから、いまさらそんなことを聞いてもしかたないじゃないのか」

コマサの言うとおりです。そのことはわかっていても、納得しきれない自分がいたのです。

しかし、嘆いたからって、現実が変わっていくものではありません。現実を甘受し、与えられた人生を生きていくしかないのではないでしょうか。いまも酒はもちろん、タバコも吸ってます。身体にいいわけがない。しかし、医者がどう言おうと、世間の価値観がどうであろうと、自分は自分でいいのではないかと思っています。ヘタに自分を大事にするよりも、だめなところも含めて、全部が自分なのだと受けとめて生きていけばいい。人生観などと大上段に振りかざすのではなく、自然体で朝日を迎え、夕日を見送り、夜になったら星を見上げる。そんな人生でありたいと思うのです。

主治医の秋山洋先生からマスコミに術後の経過を伝えていただきました。

「渡　哲也さんの手術後の経過をご報告します。

六月二十日に行われた手術のあとは極めて順調でした。手術の翌日に歩行開始、四日目に流動食、七日目に全がゆ、八日目には普通食をとれるようになり、本日に至っています。

抜糸は七日目以降に行ないましたが、手術創（手術のために切開したきず）の治ゆは完全です。輸血の必要もなく、現在貧血等も全くありません。

渡さんが、手術のあとの回復のために積極的に努力されたことに敬服します。

退院されるきょう、全身の状態は大変よいと思います。

平成三年七月七日　虎の門病院
秋山　洋」

七月十七日、三十五日ぶりに私は虎の門病院を退院しました。出迎えた大勢のファンを前にして、私の笑顔は少し涙腺がゆるくなっていたかもしれません。七月十七日は奇しくも裕次郎さんの四回目の命日です。

「このたびは私事でご迷惑、ご心配をおかけしました。虎の門病院のお医者様、看護婦さんたちのおかげで、不安や心配を心に残すことなく、今日の日を迎えることができました。感謝でいっぱいです。入院中、たくさんの方々に励ましをいただき、本当に心強く、嬉しく、この場を借りてお礼申し上げます。そして、この病気、手術結果。これも神から与えられた試練のひとつと考え、自分なりに取り組み、答えも出せたと思います。これからは今まで以上に精進し、今日まで支えてくれた会社の仲間たちとともに、前向きに頑張ってまいります」

感謝の言葉を述べながら、頭の中をストマのことがよぎります。退院したこれからがストマとの本当の闘いになる。私は覚悟しました。

虎の門病院を退院して間もなく、私は関係者のみなさまに宛て、礼状を千人ほどに差し上げました。その中に、

〈闘病の体験と知命の年に近づいたせいでしょうか、時間の尊さを知ることが出来ました。四十九年のおさらいをしながら、何事にも精いっぱい努力してみようと心に念じております〉

という一文を挟みました。

気楽に構えるほど、人生は長くはありません。あせるほどに短くもない。人生の価値は時間の長短ではなく、いかに日々を燃焼して生きていくか、その温度にあると私は思うのです。

振り返ってみますと、俊子との結婚生活は闘病との生活でもありました。青山学院大の一年先輩だった私と俊子が結婚したのは、昭和四十六年。ところが、結婚十六カ月目に葉間肋膜炎で倒れ、三カ月間入院。その二年後には急性肝炎と左胸膜癒着症で八カ月間、そして昭和五十

❖平成3年7月17日、直腸がん手術を終え退院した渡哲也。出迎えたファンの前でお礼の挨拶を述べた。俊子夫人、石原まき子さんは心配と安堵の表情を。

年にも慢性肺感染症で三カ月間入院するなど、そのたびごとに、俊子は私と一緒になって病魔と闘ってきてくれたのです。

裕次郎さんが、私に言ってくれた言葉があります。

「哲よ、お互い病気をはじめ、いろいろあったけど、内助の功に助けられて今日があるよな。結局、俺たちはカミさんの手の中でガッチリ押さえられているんだよ。お互いすばらしいカミさんだよ」

妻、俊子には感謝の言葉しかありません。

石原裕次郎記念館

退院して二日後の七月十九日、私は羽田から札幌に飛び、小樽に入りました。翌二十日に『石原裕次郎記念館』の完成披露式典が控えていたからです。

小樽市は、神戸の須磨で生まれた裕次郎さんが三歳から九歳までを過ごした思い出の地で、記念館は小樽港マリーナの一角に造られました。総工費二十八億円。敷地面積約九〇〇〇平方メートル。建築面積約二六〇〇平方メートル。百九十席を有する多目的ホールや郵便局、カラオケボックスまであるモダンな二階建てです。館内には石原裕次郎の記憶を映像と音で再現する映像ルーム、代表する主演映画と歌を大型のマルチスクリーンで紹介するシネマ裕次郎などがあります。

退院直後とあって、出席は無理だと言ってくださる方も少なくありませんでしたが、会社の仲間たちが記念館のために一生懸命やっているときに、社長である私は病院にいて何もできませんでした。式典には這ってでも出席するつもりでいました。社長である以上は、自分が直腸がんの手術の直後だからといって、重大な式典を欠席してはならない。口はばったいようですが、それが男というものではないでしょうか。

ただ十九日の夜、宝酒造の大宮隆社長の主催による祝宴が札幌市内で開かれましたが、翌朝の式典に備えて欠席させていただきました。

裕次郎さんがCM初出演となった同社の清酒「松竹梅」以来、裕次郎さんの〝親父〟として、石原プロはご支援していただいています。大恩ある大宮社長主催の祝宴に、石原プロ社長の私が欠席するのは誠に申しわけないことですが、大事をとったのでした。祝宴には、石原まき子さんをはじめコマサ、舘ひろし、神田正輝、峰竜太など石原軍団のメンバーが出席させていただきました。

翌二十日は午前九時から記念館で記者会見、そして小樽市総合体育館で記念式典を行いました。二十一日は内覧会、夜は舘ひろしのコンサート、そして二十二日がグランド・オープンという運びになります。

オープニング・セレモニーで、まき子さんは、

「裕次郎記念館の館長として務めさせていただくことになりました。本物でなければ見ていただくわけにはまいりませんので、石原の遺品のすべてを移動させました。東京の家にはもう石原に関するものは何も残ってはおりません。寂しくないと言えばウソになりますが、今後とも温かく見守ってください」

と挨拶されましたが、その言葉どおり、裕次郎さんの愛用されていたものすべてが、記念館に収蔵されました。

愛社のベンツ300SLガルウィング、背広やネクタイ、靴などの衣類や衣装、主演映画のポスター、レコードのほか、中学時代の通信簿まで約二万三千点の遺品が展示されています。さらに『黒部の太陽』のトンネル工事のセットや、ハワイの別荘、自宅の居間も忠実に再現されています。出席された実兄である石原慎太郎さんが、

「ここまで徹底して持ってくれれば、成城の自宅に裕次郎のものは何もなくなってしまうのも当然だ」

とおっしゃったほどでした。

病み上がりの私には、いささかハードなスケジュールでしたが、石原プロの社長として、裕

次郎さんにお世話になった一俳優として、さらに人生の何たるかを教わった一人の男として、こうして記念館の形で「石原裕次郎」を後世に遺せる幸せを喜びながらも、石原裕次郎の名前を汚すことがあっては絶対ならないという責任を、ひしひしと感じたものです。

ありがたいことに、記念館には毎年百万人を超える方々が訪れてくださり、小樽の観光資源の一つになりました。しかし私は、展示室は式典のときに覗いただけで、いまだに足を踏み入れていません。

年に何度か訪問する機会もありますが、裏の従業員出入り口から入り、事務所に直行して帰ってしまいます。展示されている裕次郎さんの遺品を見ると、往時を思い出してしまうからです。

「裕次郎記念館は、私どもの胸の内にありました石原との思い出、何者にも代えがたい温かさ、一緒にいるだけで心なごんだ、そういった思いなどを再び心に刻んでくれました。それは懐かしくもあり、うれしくもあり、切なくもある再会でしたが、石原の夢とロマンに再び出会えた幸せを感じております」

オープニング・セレモニーでそんな挨拶をさせていただきましたが、これは私の偽らざる気持ちだったのです。

洗腸の苦闘

私が付けたストマとは、医学的な言い方をすれば「腹部に便を排泄するために増設された排泄口」ということになります。一般的に便の袋をぶら下げますので、臭いが気になったり、付けていること自体に引け目を感じます。人が嫌がると思い、ゴルフに行っても風呂にも入れないでしょう。

しかし、「洗腸」さえうまくできれば、便の袋は不要で、ヘソの左下に絆創膏を一枚張るだけですみます。このことを入院中に医学書で知った私は、

（洗腸というのを身につけるしかない）

と決心しました。

俳優を続けるには、それしかないと覚悟し、トライしましたが、なかなかうまくいかない。ぬるま湯を注いで洗う洗腸は、怖くてなかなか出来ないそうです。やり方を身につけるまで結構、つらい作業で、ストマになった人の約九割が断念すると言われます。しかし、私は何が何でもこれをマスターするしかない。背水の陣でした。

直腸がんの手術は、本来なら三週間程度で退院するものですが、私は洗腸をマスターするた

め、二週間ほど延ばしました。退院まで三十五日かかったのは、そういう理由がありました。

病院でマスターしたつもりでいても、自宅で一人で洗腸を続けていくのは大変で、病院のときのようにはうまくいきません。毎朝一時間以上かけて格闘しますが、試行錯誤ばかりでイライラします。イライラすれば余計、うまくいかない。うまくいかなければ、さらにイライラ……。悪循環です。妻の俊子に当たりました。自分一人が苦闘しているつもりでいましたが、それを見る俊子はもっとつらかったでしょう。

洗腸で一番大事なことは、入れたお湯をすべて出しきってしまうことです。少しでも残してしまうと、一時間後くらいに出てきてしまうことがあるからです。だから腸の中にお湯を入れると腹式呼吸——下腹を膨らませたりへこましたりするわけです。これがうまくできるのは学生時代、空手で腹式呼吸をやっていたからかもしれません。最初の頃は一時間以上もかかったり、トイレの中を便で汚したこともありましたが、いまは十五分か二十分で終わってしまいます。

それと、もう一つ。医学書で、洗腸の際にやってはいけないという禁止事項をすべて無視しました。たとえば、「熱があったら一切洗腸をやってはいけない」と書いてありますが、私は風邪をひいて熱があるときでもやりました。さらに消化の関係があるのでしょうが、酒、肉、アイスクリーム、ニンニク、炭酸飲料といったものはすべて不可。しかし、私はビールを飲み、肉を食べます。

無謀なのではなく、何度も大病した経験から、人間というのは、自分の身体の中で自分に合ったリズムを作らなければだめだということを身にしみて知っていたからです。禁止事項にかまいなく、やりたいように、食べたいように、飲みたいように好き勝手にやっているうちに、自然と身体が順応していったのでした。洗腸の回数も、仕事がある日は毎日、オフのときは二日に一回ですむようになっていきました。

誰もが、こうした方法でうまくいくとは限らないでしょう。私は医学書に逆らってやったことがたまたまうまくいったのだと思います。これはストマに限らず仕事でも何でも同じだ思いますが、何事にも王道はなく、どうやればうまくいくかは結局、自分で試し、見つけていくしかないと思います。大切なのは、自分流を見つけることではなく、見つけようとする気力と努力ではないでしょうか。

ストマをつけた生活

直腸がんになり、全摘手術によるストマになると知ったとき、私は俳優人生は終わると覚悟しました。だから悩みました。生きていてもしかたがないと思いました。「家族のために」というコマサの説得でストマを受け入れはしたものの、最後の最後まで抵抗したことは、これまで述べてきたとおりです。俳優であるどころか、生活そのものが大変だろうと暗澹《あんたん》たる気持ちになりました。

ラブシーンで相手の女優が人工肛門になった自分とまともに芝居をしてくれるのだろうか。口には出さなくても「やれない」と感じるのではないか。大好きな寿司屋だってカウンターには座らせてもらえなくなってしまうかもしれない。不安が不安を呼んで、想像は悪いほうへと広がっていくのです。「凡百の弱さゆえ」――ということでしょうか。

ところが、いざストマをつけ、洗腸をマスターしてみると、

（あの悩みは、いったい何だったのだろう。どうということもなかったじゃないか）

まるで憑きものが落ちていくようでした。

私が俳優ということで、マスコミの取り上げ方も、がんに罹ったことよりも、ストマのほうに関心が集まったように思います。覚悟の上の公表でしたが、正直言うと、公表してよかったのだろうかという後悔の気持ちもありました。しかし洗腸をマスターし、俳優として普通に仕事ができるようになってからは、公表して正解であったと、迷うことなく言い切ることができました。

アメリカは、直腸がんの手術によってストマをつけている人がとても多いので、洗腸の道具

や装具など、米国製が一番進んでいるだけでなく、ゴルフやテニスのプレーが終わった後、仲間たちと陽気にシャワーを浴びたりしています。シャワーどころか、プールだってそうです。ストマの語源はギリシャ語で「唇」という意味があるそうですが、「キス・ミー」と書いたシールを貼って、堂々と泳いでいたりすると聞きます。

しかし、日本ではどうでしょう。私はよくこんな経験をします。一緒にラウンドした人から、「渡さんは風呂には入らないですよね？」

という言われ方をされます。「一緒に入ろう」ではなく、「入らないですよね？」と気づかってくださるのです。

だから必ず、

「いえ、ご一緒しますよ」

と言って、風呂に入ります。

すると、先に入っている人の視線が、私の身体にいっせいに注がれます。あからさまに見るのではなく、見ないふりをしながら注視するのです。視線が合うと、あわてて目をそらせたりしますが、みなさん一様に、

（あれ？）

という顔をします。

便を入れる袋をぶら下げているどころか、ヘソの左下あたりに絆創膏が一枚貼ってあるきりですから、どこに「人工肛門」があるのかと訝っているのです。友人や知人たちは、

「何だ、全然変わらないや」

と言って笑いますが、まったくそのとおりなのです。

次のエピソードは笑い話のようですが、がんになる前、千葉のゴルフ場に行ったときのことです。朝、自宅でトイレをして出かけるのですが、私は下痢症でしたから、途中でまたしたくなる。それで高速道路を千葉に向けて走っている最中、もよおしてきて、

「おい、どこかにトイレはないか！」

大騒ぎしましたが、どこにもありません。

私は我慢できなくなって、高速の料金所で「トイレを貸してください」と頼みこんだのですが、料金所は現金を扱っているからトイレを貸せないと断られてしまいました。しかし非常事態です。

無理やり頼みこんでトイレを借り、ことなきを得たのです。それがトラウマになったのか、それからというもの、その料金所を通るたびに条件反射的にトイレに行きたくなったものですが、ストマになってからは、そういう不安がいっさいなくなったのでした。

母の死

父親の死は、たとえて言えば、登山しながら仰ぎ見る頂《いただき》が崩落したような衝撃感があります。一方、母親の死は、登山道の足もとが崩れ去り、身体が大きく傾ぐような喪失感があるのではないでしょうか。

親と子の年の差がいくつになっても縮まらないように、この感覚は年齢とは関係しないようです。いずれ必ずくるとわかっていても、親との死別は耐え難い哀しみがあります。

私が直腸がんの手術をして三年が経った平成六年三月二十二日、母の雅子が肺炎のため、入院先の都内・至誠会第二病院で七十七年の生涯を閉じました。

覚悟はしていましても病床の母の姿に心を痛め、その死に胸をふさぎました。

七十七年の人生をどんな思いで母は閉じたのでしょうか。心の中の何かが欠けてしまったという思いがぬぐえません。

告別式は三日後の二十五日、調布市の昌翁寺で行われました。この年に入ってから体調を崩して入退院を繰り返し、三月十四日に再入院してからは弟の恒彦と私が交代でつきっきりの看病にあたっていましたが、二十一日に容体が急変したのでした。

ベッドに横たわった母は、口を一生懸命に動かすのですが、救命処置で気管を切開したため声が出ません。

私は紙とペンを持たせようとしましたが、すでに字を書く力はありませんでした。それでも母は何かを語ろうとして、しきりに目で訴えかけます。

「なんだい？　なにか言いたことがあるのかい？」

声をかけますが、思いが伝わらないもどかしさがあったのでしょう。次第に寂しげな表情に変わって行く母の目を、私はいまでも忘れることが出来ません。

父がうるさかったぶん、母はいつも父とのあいだに入って緩衝地帯になってくれました。自分の母を誉めることは誠に気恥ずかしいことですが、彼女は日本の母でした。すべてのことに耐え忍ぶ、やさしさの権化のような女性でした。

気管切開して言葉がしゃべれず、病床でじっと私を見ていた母は、何を語ろうとしていたんでしょう。

昔、親不孝していた私をじっと見ていてくれた母を思い出しました。寮生活時代、父に内緒で送ってくれた小遣い、その封筒の端には「タバコは買わないでください」と走り書きしてあった。

いつもやさしく、私たち兄弟を温かく見守ってきた母。平成三年六月、私が直腸がんの手術をしたとき、父を直腸がんで亡くしているだけに動揺が激しかった母。

そんな母を安心させるため私も毎日、虎の門病院のベッドの上から電話をかけて、体調や手術後の経過を報告し「必ず帰ってくる」と約束していました。


私は全寮制の三田学園に入り、親元を離れてから次第に酒、タバコ、ケンカに明け暮れるバンカラな青春時代を送ることになりますが、私が何か悪いことをするたびに、母は学校へ呼び出されましたが、決して叱責したり小言を口にしたことはありませんでした。学校に呼び出され、淡路島の岩屋港からフェリーに乗って明石海峡を渡るとき、母はどんな思いでいたことでしょう。


「親孝行したいときに親はなし」と言いますが、親孝行のまねごとさえできなかった私には痛い言葉です。

祭壇の中央に大きく飾られた遺影は、母が東京に出てきて友だちと温泉旅行に行った折に、仲間で撮った五年ほど前の写真です。これを引き伸ばして遺影にしました。

メガネをかけた銀髪の母の遺影は、やさしく語りかけるように、穏やかな表情をしていて、とても美しく見えました。

告別式には千人を超える方々が足を運んでくださいました。私は喪主として、挨拶をさせていただきました。

「本日はお忙しい中、母、渡瀬雅子の葬儀にご参列賜り有難うございました。三月十四日より誤飲性肺炎で至誠会第二病院に入院しておりましたが、看護の甲斐もなく三月二十二日、黄泉の国へ旅立ちました。この年齢になりましても、また覚悟はしておりましても、だらしのないもので、母の病にうろたえ、病床の母の姿に心を痛め、その死に胸はふさいでおります。気管切開のため言葉をなくした母。病床で自分をじっと見つめていた母のあの眼は何を語りかけていたのでしょうか。必死に話そうとする母のあの口は何を言おうとしていたのでしょう……。

昔、親不孝をしていた私をじっと見てくれた母を思い出しました。

一昨年（平成四）の私の闘病の折はただただ心配し、おろおろしていた母。子供がいくつになっても心配をし続けるのが母親なのでしょうか。七十七歳の人生をどんな思いで閉じたのか計り知れませんが、自分にとりましても、また、弟の恒彦にとりましても、心の中に何かが欠けてしまったという思いは拭いきれません」

母は洋服の仕立てを営む裕福な家庭に育ったこともありとてもオシャレで、俳句や書道もたしなむモダンなおばあちゃんだった。〝モダン母さん〟にふさわしく、その柩《ひつぎ》の中には、孫の手紙や句集のほかに、父、賢治からプレゼントされた記念の着物や化粧道具一式を入れました。

戒名は『清麗院雅量妙慧大姉』。「清」と「麗」の二文字が、母という女性を象徴しているかのようでした。

四十九日の法要の後、母の遺骨は、父の賢治が眠る淡路島の観音寺に納骨しました。

「謹啓

春がすぎました

忙しくもあり、慌ただしくもあり少し寂しいときもあり、白い花に囲まれて、今年の春はすぎました

皆様お元気でお暮らしのことと思います

先般、母雅子儀永眠の際は、ご丁重なるご弔詞、並びにご厚志を賜りご芳情の程、誠に有り難く厚く御礼申し上げます

平成六年五月九日

清麗院雅量妙慧大姉

七七日忌に当たり無事、亡き父の待つ淡路島に納骨を済ませる事が出来ました

故人は病床で時折夢みるように笑う事がありました

娘時代を過した山陰の頃の夢なのか、結婚時代を送った淡路島の夢なのか、祖母と成った東

京での夢なのか、今では聞くすべもありません
男が天に向う時は、自分に生命を与えてくれた人、母を思い出すそうです
女が天に向う時は、自分が生命を与えた人、子供たちを思い出すそうです
母となった頃を思い出すそうです
故人が母として過ごした淡路町の社会福祉の為に、皆様方のご厚志を寄付させて戴きました
先ずは書中を以って謹んでご挨拶申し上げます
敬白

平成六年五月十日

渡瀬道彦
渡瀬恒彦」

生前、母は、

「道彦、お墓だけは淡路島に残しておいてちょうだい」

と言い残していました。

母はいま、父とともにその島で眠っています。母にとって淡路島は、いろんな意味で思い出

深い島だったのでしょう。

出会いと別れ、そして覚悟の時、さらに人生の試練は容赦なく続いていくのです――。

阪神・淡路大震災

母が亡くなった翌年、平成七年一月十七日の早朝に起きた阪神淡路大震災のことは忘れることが出来ません。

「渡さん、テレビ！　神戸が大変なことになってるよ！」

コマサに電話をもらい、急いでテレビのスイッチを入れて絶句しました。ビルが倒壊し、あちこちで火災の火の手があがっています。

震源地は、故郷の淡路島の北端で、そこから二キロしか離れていない岩屋で私は生まれましたから、それは驚きでした。すぐに父と母の墓のことが頭に浮かびました。幸いにも被害は少なくて済みましたが、神戸市や芦屋市の被害は甚大でした。阪神・淡路大震災です。亡くなった方はのち、六千四百三十四名と発表されました。

私と弟の恒彦は、学生時代を兵庫県の三田市で過ごしています。

私たちにできることは何か。コマサと阿吽の呼吸で、炊き出しを行うことを決めました。

弟の恒彦も故郷にお礼をしたいと、参加を希望してきました。

石原プロはロケで使う大型トラックや大型バスなどのほかに、餅つき機や三千人分の炊飯ができる炊事器などを所有しており、石原プロ関係のイベントで炊き出しをするのが恒例になっていました。

もともとは「西部警察」をやっていた当時、時間に追われて撮影していましたので、全員で食事を一緒に取ることなどとてもできませんでした。

それで手の空いた者が食事を作り、交代で食べるようになったのですが、それがだんだんエスカレートしていって〝石原プロの炊き出し〟ということになったのです。最初はカレーくらいだったのが、赤飯、豚汁、おはぎ、焼きそば、雑煮などメニューも増え、鍋や釜も大きい自前のものを揃えてありました。

大震災の三週間後の二月七日、私たち石原プロのスタッフに弟の恒彦を加え、避難場所の一つである芦屋市の川西地区で炊き出しを始めました。私たちが炊き出しで行った芦屋は高速道路が崩れ落ちたり家屋の倒壊がひどく、とにかく悲惨な光景が広がっていました。用意したのは焼きそば四千食、切りモチ二万個、ジャガイモ五トン、玉ネギ四・五トン、米一・五トン、モチ米一トンなど、材料だけで十一トントラック三台分になりました。

復興のために、全国から来られたボランティアの人たちの頑張っている姿を見て、日本人もまだまだ捨てたもんじゃないな、と感激しました。特に女性ボランティアの方たちの頑張りには驚かされました。いざというときの女性の強さを、まざまざと見せつけられました。

問題は水でした。ライフラインが寸断されていますから、水道が使えません。そこでお世話になっています宝酒造さんが、十トントラックを出して、毎日運んでくれることになりました。アルコール運搬用のトラックですから、水を入れればタンクは使いものにならなくなります。宝酒造はそれを承知で運んでくださったのです。

午前四時半から炊き出しの準備を始め、テントの中で仮眠をとりながら夜の十一時まで一日に四千食分を六日間ですから、二万食を超えました。

実を言うと、炊き出しをすることに躊躇がありました。石原プロの売名行為と見られるのではないか、そんな心配があったのです。これは多分に私の性格によるもので、男は縁の下にいて、目立つことなく黙々となすべきことをやればよいと考えているからです。

私の心中を察したコマサは、

「売名行為と思われたら、それでいいじゃないですか。大切なのは、あくまで自分たちの気持ちなんですから。被害を見て黙っているわけにはいかない。阪神は渡さんだけじゃなく、裕次郎さんを育ててくれた故郷なんですから」

この言葉に背中を押されたのでした。

❖平成7年1月17日阪神淡路大震災が発生。20日後の2月7日、芦屋市の川西地区の避難場所に炊き出しのため石原プロは入った。渡哲也、渡瀬恒彦兄弟は先頭に立って被災者のために奮闘した。

❖震災によって破壊された街の復興支援のために渡哲也ら石原プロモーションは2度にわたって兵庫県に入った。

石原プロによる炊き出しはこの年の秋にも行われ、震災一年後には、障害をもった方々や高齢者の方々のための巡回移動入浴車「石原裕次郎号」を芦屋市に寄贈させていただきました。

ボランティア活動は強制されてやるものではありませんし、善人ぶって得意になってやることでもありません。ボランティアとは、社会の一員たる個人として、あるいは組織として、お世話になった社会に対して何らかの貢献をしたいという熱意が行動になって表れるものだと思っています。石原プロの活動を表に出したくはないというのが、私の本音ですが、一方で、炊き出しなど、石原プロの活動がマスコミに取り上げられることで、たとえば被災地に世間の関心を集めるという効果もあります。世間の関心を呼び起こす一助になるのであれば、それはそれで意味があるのではないかと考えるのです。

大病後の初舞台

NHK「A－13」号室──。

私がNHK大河ドラマ「勝海舟」を途中降板したときの出演者控え室です。二十二年後の歳月を経た平成八年、私はこの同じ控え室に入ります。感慨深いものがありました。NHK大河「秀吉」で織田信長を演じるのです。「秀吉」というドラマの中の信長ですから主演ではありませんが、重要な役を頂戴しました。視聴率も毎回三〇パーセントをキープするなど好評を博し、ほっとしたものです。直腸がんの手術から五年後のことで、俳優として完全復活できたということでも、思い出深い作品です。

出演のお話を頂戴したとき、実を言うと、お受けするかどうか迷いました。信長という武将は自分には合わない役柄だと思ったからです。信長のイメージは「革命児」「狂気の人」「天才」といったものですが、そのどれも自分にはないものです。五、六冊、信長に関する本を読んでみても、信長という人間がまだよくわからない。それに、大病もしていますし、年齢を考えても、これから先、そう多くの作品に出ることはできないでしょう。納得できる仕事だけをやっていこうと考えていたので、果たして自分に信長を演じられるのだろうか、という思いがあり、返事をためらったのです。

しかし、私と面識のあったNHK統括プロデューサーの村山昭紀さんも加わって、

「今回描こうとしている信長は狂気だけではなく、殴られても、蹴られてもついていく、秀吉の父親と位置づけています」

と説得され、そうまで私を買ってくださるのならと出演を受諾させていただいたのです。

とはいうものの、鎧兜をつけての芝居はこのときが初めてでした。重くて、身体がついていかないし、すぐ疲れますが、台本が非常にいいうえに、「秀吉」役の竹中直人さんに引っ張ら

れ、約九カ月間にわたる収録を乗り切れたのだと思います。これまでいろんな方が秀吉を演じられていますが、竹中さんに勝る秀吉はない。演技の上手さはもちろん、俳優やスタッフへの気遣い、そして何よりパワフルなエネルギッシュさには圧倒されるほどでした。

この年、大阪・新歌舞伎座舞台「信長」の座長公演を引き受けます。舞台はこれまで一度も経験がなく、芸能生活三十一年にして最初で最後と覚悟を決めた公演でした。一カ月三十五公演という長丁場。体力的な不安をかかえての挑戦であり、万一に備えて弟の恒彦が代役としてスタンバイしました。

舞台は二部構成になっていて、第一部は桶狭間の合戦までの若き日を描いた「信長」で、第二部は「男の詩歌・渡哲也オンステージ」ですが、実は舞台は当初、「沓掛時次郎」のヤクザものをやる予定で、その稽古をしていたところが、立ち稽古が始まる八日前になってコマサが突然、

「信長がいい」

と言い出したのです。

大河ドラマで信長役が当たったので、今年はすべて信長で通すべきだというのがコマサの主張です。コマサの言うことはわかりますが、立ち稽古が始まる八日前になって、無茶な話です。

八日間で、どうやってセリフを覚えろというのか。

「俺を殺す気か」

と怒ると、

「哲ならやれる」

と引きません。

お互い、けんか腰でやりあい、結局、コマサが強引に押し切ったのです。石原プロの社長を引き受けたときもそうですが、コマサという男は説得のプロです。攻めたり引いたり、持ち上げたり、挑発したりで相手を追い込んでいって、最後は、

（じゃもひとつ頑張ってみるか）

という気にさせてしまうのです。

八日間で、セリフは完璧に覚えました。寝言でセリフをしゃべっていたと女房に言われましたが、私も必死だったのでしょう。おかげさまで、三十五公演で動員数七万人。無事に千秋楽を迎えることになります。

しかし、中日の二日ほど前は、正直言ってもうだめかと思いました。身体も心も疲労の極限状態にあって、肩が上がらなくなったこともありました。しかし、舞台に立つ以上、そんな泣き言を口にするわけにはいきません。舞台はお客さまとの真剣勝負です。お客さまの支えがあ

って、私は千秋楽までやり通せたのです。

この平成八年は多忙な一年でした。NHK大河ドラマ「秀吉」、新歌舞伎座の舞台に加え、宮沢賢治の父親役を演じた映画『わが心の銀河鉄道　宮沢賢治物語』で、私は第三十九回ブルーリボン賞助演男優賞を頂戴します。さらに翌九年には、六月七日公開の東宝映画『誘拐』で、日刊スポーツ映画大賞「主演男優賞」を受賞するなど、ストマによって俳優生命が断たれるのではないかと、あれほど悩んだ自分が信じられない思いでした。

そして、『誘拐』が公開された翌七月十一日、私は定期検診のため虎の門病院に行くのです。この日は大腸の検査でした。

新たながんが見つかる

大腸の定期検診は、ストマから内視鏡を入れて診ます。

大腸の患部の様子が、脇に置かれたテレビモニターに映し出されています。私は医師の説明を聞きながら、赤くなってただれているような部分を見つけ、

「これはなんですか?」

と医師に尋ねました。

「お酒の飲みすぎですよ」

苦笑いしながら医師はそう答え、モニターを見続けました。

モニターを見ながら内視鏡を腸の奥へ進めていた医師が、

「ポリープが二つあります。変わっているな……。切り取っておきましょう」

そう言うと、二つのポリープを内視鏡の先端で切り取り、

「切り取ったポリープは細胞組織検査に回し、その結果は後日お知らせします」

とおっしゃいました。

このとき
（ひょっとしてがんじゃないのか？）

と直感しました。

これまで何度も大病していますので、医師の表情や口調、説明などの様子からピーンとくるものがあったのです。多忙でもあり、検査結果は電話で教えて欲しいとお願いして病院を辞しました。

一週間後、担当医が検査結果を知らせてくれました。私が仕事で留守にしていたので、結果は俊子に告げられました。

「二つのポリープのうち、一つは悪性でした。切り取りましたので問題はありませんが、念のため三カ月後にもう一度、診させていただくことになります」

悪性——大腸がんであると告げたのでした。

その夜、帰宅した私に俊子は検査結果をありのままに伝えました。

私は、ただ黙って聞くだけでした。

(あるいは……)

という思いがあったので、直腸がんのときのような激しい衝撃はありませんでしたが、それでも良性の単なるポリープであって欲しいと、一縷の望みを託していた自分を意識しました。私も俊子も、この夜は大腸がんについても、今後どうするかということについても、何も話はしませんでした。

のち、俊子は取材に答えて、

「修羅場は直腸がんのときに終わっていますから」

と答えていますが、なるほどそのとおりです。

今度の大腸がんの場合は、心配するのはただ一つ、命のことだけです。直腸がんのときは、死に対する恐怖よりも、ストマに伴う俳優生命と日常生活への不安に苦しみました。

「もし、共演の女優さんに嫌がられたら」

「もし、鮨屋のカウンターに座らせてもらえなくなったら」

という、「もし」という仮定が不安をつのらせていくのです。

その点、大腸がんの仮定は「もし、死んだら」ということだけですし、「もし、死んだら」という仮定はがんに限らず、ちょっとした大病についてまわる不安です。それに、誰もがいずれ必ず死ぬもので、遅いか早いかの違いがあるだけです。

そう考えれば、「修羅場は直腸がんのときに終わっていますから」と語った俊子の言葉は、鋭く核心をついていると思うのです。

見つかった大腸がんは、再発でもなければ転移でもなく、新に発症したものでした。

直腸がんの手術を執刀してくださった秋山洋先生は、

「高分化腺がんという種類のがんで、腸の粘膜に出来やすい、がんとしては比較的おとなしいものでした。早期発見出来たのも、医師や渡さんが注意深く術後のフォローをした結果なのです」

と説明してくださいました。「がんとしては比較的おとなしい」「早期発見できた」という言葉に、気持ちが軽くなったものです。

病気になるのは嫌なものです。

まして、二度もがんに襲われれば、

（なぜ俺がまたがんに……）

という気持ちになります。

どんなに強がって見せたところで、がんは死と隣り合わせだけに、心の中は不安にさいなまれるものです。私も、苦しまなかったと言えば嘘になるでしょう。

しかしがんは、自分の意思とは関わりなくできます。がん体質というものがあって、もし自分の身体がそうだとしたら、二度、三度とがんに侵されようとも、それは甘受するしかないものだと思います。達観とまでは行かなくても、ある年齢に達し、人生の理不尽さというものを身をもって知っていれば、少しは人生を突き放して見られるようになっていくようです。

第七章

勇退

舘ひろしの結婚

平成八年八月十九日、舘ひろしが結婚することになり、私は立会人を買って出ました。お相手は経済界の重鎮を祖父に持つ足立幸子さんで、控え目で、よく気のつく彼女とは、まさにお似合いのカップルです。

このとき、ひろしは四十六歳。軍団の中で唯一の独身ですが、お二人の交際は長く、先代（石原裕次郎）も幸子さんのことはご存知でした。いい形で結ばれ、先代も喜んでらっしゃるだろうと思ったものです。

私が石原プロ所属の俳優の仲人をするのは、神田正輝・松田聖子さんに続いて二度目になります。晴れがましい席が苦手ですし、正輝のときは私の妻の俊子が父を亡くして喪中にあったこともあり、辞退させていただくことも考えたのですが、先代の強い勧めもあって引き受けました。式は裕次郎さん夫妻が、披露宴は私たち夫婦という〝ダブル仲人〟でした。

晴れがましい席が苦手であることは、ひろしのときも変わりませんが、お二人の結婚式はぜひ立ち会いたく、挙式するロンドン郊外ペントリーヒースのホーリー・トリニティ教会へ参じました。


ひろしと初めて会ったのは、「西部警察ＰＡＲＴ‐Ⅰ」に彼が出演することになったときです。千駄ヶ谷の絵画館近くの喫茶店でした。神宮外苑にある絵画館の前で記者会見をする前に一度会っておきたかったのです。ひろしが入ってきたとき、私は立ち上がって「舘くんですね。渡です」と挨拶をして握手をしました。足が長いな、というのが第一印象でした。それと、言葉で言うのは難しいのですが、身のこなしがとてもセクシーで、現代性と言うのか、〝いま〟を感じさせる青年でした。小生意気そうに見えるけど、素顔はそうじゃない――そんなことを思ったのをおぼえています。

ひろしは「西部警察ＰＡＲＴ‐Ⅲ」まで出演して昭和五十八年二月八日、石原プロに入るのですが、誘ったのは私ではなく、コマサです。コマサもひろしの俳優としての資質を見抜いたのでしょう。ひろしは、誘いを受けるべきかどうか私に相談してきたわけです。第三者であるならともかく、石原プロにいる人間に相談するというのも妙な話ですが、そこがひろしらしいところでしょう。渡なら忌憚のないところを言ってくれる、と思ったか、仁義を通しておこうと思ったかはわかりませんが、相談に来ました。

私は反対しました。意外かもしれませんが、反対したのです。石原プロがどうのと言うのではもちろんありません。いい会社だと思っています。しかし、俳優というのはひとつの組織に属するべきではない。それが私の信念だったからです。

一般の会社も同じですが、組織というのは社員やスタッフをかかえています。彼らの家族を含め、生活を維持するのが組織の責任です。ひらたく言えば稼がなくてはならない。そのためには、意に染まぬ仕事であってもやらせなくてはならないし、やらなくてはならない場合が当然出てくる。

「だから俳優としての理想は、できるならば自分のしたい仕事だけを選んでやっていくことだ。そう考えるなら、組織に属するべきではない」

そんな話をしました。

組織に守られていれば、意に染まぬ仕事でも数には恵まれる。経済的には、フリーでいるよりはるかに安定もする。だけど、俳優として生きていこうとするなら、不安定であっても組織に入るのはやめたほうがいい。

❖渡哲也が石原裕次郎に惹かれて、石原プロに入ったように、舘ひろしも渡哲也を慕って石原プロに入った。後輩の徳重聡は2人を見て成長していった。

「よく考えろ」

と説得しました。

石原プロの人間である私が、石原プロに入ろうかという若者にそこまで言うのですから、それだけひろしに対して俳優としての魅力と将来性を感じていたのです。

ところが、私の口からこんなことを話すのは気恥ずかしいのですが、ひろしは――「いえ、石原プロに入ります。ぼくが憧れているのは渡さんです。渡さんについて行きます」と言ってくれたのです。

そこまで言うのなら、私に反対する理由はありません。こうしてひろしは石原プロに入ってくるのです。

ひろしの結婚式に立ち会ったとき、かつて彼にイギリス映画からオファーが来たことを思い浮かべました。ライダー役で、しかも主演です。俳優として海外へ飛躍するチャンスと考え、私としてはぜひやらせたかったのですが、「西部警察」があります。ひろしを欠くことは不可能です。それでやむなく、会社としてはお断りせざるをえなかった。俳優としての将来より、組織の論理が先行する。かつて私がひろしに話したとおりです。

だけど、ひろしが石原プロに来てくれたおかげで濃密な関係ができ、いまこうして挙式の立会人としてイギリスに来ている。縁としか言いようがありません。

ひろしは不思議な男で、現代的でありながら古風な男です。一見、ドライに見えて義理人情に篤《あつ》く、スタッフをとても大事にする。こまやかな気遣いを見せるかと思えば、目上に対して言いにくいことをハッキリ口にする。相反するものが同居しているというのか、そうした〝複雑な魅力〟が彼にはあり、これこそが俳優としての才能なのでしょう。いま振り返れば、千駄ヶ谷の喫茶店で初対面のとき、私はそのことを感じ取っていたのかもしれません。

小児がん制圧に向けて

舘ひろしの挙式に立ち会ってから一カ月後の九月十四日、懸案としてずっと考えていた小児がん制圧にむけ、多くの方のご理解、ご賛同、ご協力を得て、いよいよ行動を起こすときがきます。小児がん征圧キャンペーン　チャリティーイベント「生きる――小児がんの子どもたちとともに」（主催・毎日新聞社、スポーツニッポン新聞社）が埼玉県・川越運動公園総合体育館で開催されたのです。会場には小児がんと闘う子供たち、医療関係者、そして主催した新聞の読者たち三千八百人が集い、石原軍団総出に歌手の坂本冬美さんが加わった舞台を大いに楽しんでいただくことができました。

私と小児がんとの出会いは、前でご紹介したように、私が高熱を発して東大付属病院に入院したときでした。サインを求められたことがきっかけで、お下げ髪をした中学生の女の子と知り合い、サインのお礼にと、スミレの花を小さく束にしてプレゼントしてくれた話はすでにご紹介したとおりですが、彼女がまもなく小児がんによる白血病で息を引き取ったとき、人生の理不尽さというものに激しく心を揺さぶられました。

老少不定なれば死は時を選ばずと言います。亡くなるのに老いも若きもない。そのとおりだろうと思います。頭ではわかっています。しかし、いたいけな彼女がなぜ病気で死ななければならないのか。悲しみは、怒りに変わっていました。

それから歳月は流れ、直腸がんの手術によってストマをつけた私は、俳優生命を断たれることなく復帰を果たします。NHK大河ドラマ「秀吉」に出演もします。この先、ずっと健康でいられるかどうかはわかりませんが、人生の再出発です。小児がん制圧にむけてアクションを起こすときがきた。そう思ったのです。

ひろしの挙式の二カ月前の六月、私は東京都中央区にある聖路加国際病院小児病棟を訪ねました。

（こんな私でも、見舞うことで子供たちの元気につながるなら）

微力ながら取り組みの第一歩として、小児がんの子供たちを見舞い、励ますことから始めたのです。私が大病で長期間の入院をしたとき、全国の多くのファンから激励や励ましを受け、これが心の強い支えになったからです。

ここで出会ったのが当時八歳、小学三年の斉藤大雅くんです。がんの一種で、リンパ節が腫れて大きくなる「悪性リンパ腫」でした。私が病室に入ると、少年はベッドの上に座って待ってくれていました。

「渡哲也だ！　本当に来てくれたんだ！」

私の顔を見るや、大喜びしてくれました。持参した図書券に花束、イチロー選手のキャラクターグッズである帽子やTシャツなどをプレゼントしました。

「おじさんも、がんだったんだよ」

大雅君に話しかけ、

「がんが治って、もう五年だ。君も頑張って元気になろうな。約束だぞ」

「うん、頑張る、約束します」

笑顔を見せ、元気な声で言ってくれました。

そして前記のように新聞社二社の主催で、「小児がん制圧キャンペーン」が川越運動公園総合体育館で開催されるのです。これを第一回として以後、有明コロシアム（東京）、神戸ワールド記念ホール（兵庫県）と毎年会場を変えながらキャンペーンを続けていくことになります。

「西部警察」の復活へ

体調と相談しながらも、私は日を追うように忙しくなっていきます。所属俳優とスタッフたちの奮戦で、石原プロは一丸となって邁進していきます。平成十一年七月三日には、石原裕次郎十三回忌が横浜市鶴見区にある総持寺で営まれ、前日からの激しい雨にもかかわらず二十万人のファンが集まってくださいました。百五十人の僧侶による読経は、格式と六百七十八年の由緒を誇る同寺において、かつてないほどの規模だと言われました。

私は舞台、CM、イベントなどのほか、平成十三年一月には北野武監督の映画『BROTHER』にヤクザの会長役として特別出演、さらに日本テレビ系ドラマスペシャル『反乱のボヤージュ』に主演するなど精力的に活動していました。

それに並行するように平成十四年、テレビ朝日とのビッグプロジェクトが水面下で進行し、私はその準備に追われていました。

石原裕次郎の十七回忌、石原プロモーション創立四十周年、そしてテレビ朝日開局四十五周年を記念し、「西部警察」を十九年ぶりに復活させようというのです。十回シリーズに先駆けてスペシャル番組「西部警察WESTERN POLICE 2003」を製作します。制作費は総額で十億円。テレビドラマとしては破格のビッグプロジェクトでした。

明けて平成十五年一月二十日、コマサと私はこのことを正式に発表しました。「西部警察WESTERN　POLICE　2003」のクランクイン前日の四月十二日、ロケ地となる宮崎県のシェラトン・リゾート・フェニックス・シーガイアの屋外広場で『「西部警察」復活一万人コンサート』を開催して大きな話題を集めました。「西部警察WESTERN　POLICE　2003」は四月から五月にかけて宮崎、東京、ニューヨークでロケが行われ、オンエア日は九月六日と決定したのです。

十回シリーズとなる「西部警察2003」は、新人の徳重聡を起用します。徳重は「二十一世紀の裕次郎」をコンセプトにした新人発掘オーディションでグランプリに輝いた逸材で、石原プロ期待の俳優です。そして舘ひろしや神田正輝、それに私など往年の主要キャストが脇を固めます。石原プロにとって、新時代の幕開けともなるビッグプロジェクトとして総力を結集して制作に乗り出したのです。

ロケでの事故

八月十二日の東京は、朝から降っていた雨が昼にはあがり、気温はぐんぐん上昇して三十二度を超えていました。この日は名古屋で「西部警察２００３」第一話のロケが予定されていますが、私は仕事があり東京に残っていました。腕時計を覗くと午後二時半を過ぎたところでした。予報では名古屋も雨でしたが、午後からは曇りなるということでしたので、コマサの陣頭指揮で撮影が始まっているはずでした。

ロケ現場は名古屋市内の大型駐車場です。イギリス製のスポーツカーTVRタスカンに乗った若い刑事が、中国人密輸組織の男を追い詰めるアクションシーンの撮影です。昨日はビルを爆破するシーンを撮っています。「二回に一回くらいは爆発シーンを入れる」とコマサも公言していますので、メディアを通じて大きな話題になっています。

私の携帯が鳴りました。

着信表示を見るとコマサからでした。

悪い予感がしました。

緊迫した声がいきなり耳に飛びこんできました。

「車が見物客に突っ込んだ」

「ケガ人は？」

「数人……、あっ、いま救急車が来た。詳しいことは後で」

あわただしく電話が切れました。

❖「西部警察 WESTERN POLICE 2003」は、新生「西部警察」として、多くのファンの期待を背負ってスタートしたが、ロケ事故によって続行を断念した。

「西部警察」は派手なアクションシーンや爆破シーンで注目された人気シリーズです。それだけに、事故は絶対に起こさないよう撮影には細心の注意をはらってきました。念入りに下準備をし、何度も何度も手順をシミュレーションし、くどいほど見物客の安全を確認し、「これなら大丈夫」という確証を得てカメラを回します。今回も当然そうであったはずですが、それでも事故は起きたのです。

責任はすべて、社長である私にあります。

（お客さんに万一のことがあれば、腹を切るだけではすまない）

覚悟しました。

しばらくしてコマサから再度電話があり、見物されていた五人の方が重軽傷を負って市内の病院に救急車で搬送されたということでした。ケガの状況がわからないので容態については予断は許さないが、現時点で亡くなった方はいらっしゃらない。そのことだけは不幸中の幸いだったと自分に言いきかせました。

コマサによると、事故の概要は次のようなものでした。若手刑事役の池田努が走行中、ハンドルを切り過ぎたことから駐車車両に激突しかけ、あわてて逆ハンドルを切ったところが見物されていた方々に突っ込んだ——ということでした。見物してくだっていたのは約五百人。お盆休み前の平日にもかかわらず、多数の方が足を運んでくださり、見学を許可した中で起こった事故です。理由のいかんを問わず、重大な過失です。

（裕次郎さんならどうするだろうか）

自分に問いかけました。これまでも難題に直面したとき、決断を下さなければならないとき、かならず自問してきたことでした。

決断しました。

「コマサ、被害者の方々のケアに誠心誠意つくす。そして――」

一呼吸おいて、

「撮影はすべて中止。十月からの放送も中止する」

と告げたのです。

「もう少し事態を見極めてからでも遅くないんじゃないか」

コマサが言うのもわかります。

「いや、裕次郎さんならそうしたはずだ。明日、朝一の新幹線でそっちに行く。病院を見舞って午後に記者会見をするからセッティンを頼む」

「中止の発表をするのか？」

「する」

そんなやりとりを交わしました。

これだけのビッグ・プロジェクトです。テレビ朝日に多大な迷惑と損害をかけることになる。役者も、スタッフも、そして、多くの関係者やスポンサーも同様です。「西部警察ＷＥＳＴＥＲＮ　ＰＯＬＩＣＥ　２００３」はすでに撮了して編集作業に入っている。二話以降のロケの準備も進んでいます。「関係者と協議しないで、一存で放送中止を決定していいのか」──コマサの懸念はもっともですが、絶対にあってはならない事故を起こし、石原裕次郎の名前を汚してしまった以上、この選択肢しか考えられません。

電話を切って自問しました。

悩みに悩み、出た答えは、人としてやるべきことを誠心誠意やる。それだけでした。

その夜十一過ぎ、事故を起こした池田努から電話がかかってきました。警察の事情聴取を終えてホテルへ帰ったきたところだと言いました。ずっと泣いていました。被害者の方々に、そして石原プロに迷惑をかけたことを何度も何度も詫びましたが、池田は事故の加害者ではあるけど、責めを負うのは新人の池田を会社に入れ、起用した社長の私なのだ。私は池田を守る責務があるのです。

「心配しなくていい。明日、俺と一緒に被害者の方々をひとりひとりまわって、誠心誠意お詫びしよう。な、池田」

そう告げて電話を切りました。

翌朝、名古屋に入ると、池田と連れ立って入院先にうかがいました。病室に入るなり咄嗟に床に額をつけ、土下座していました。

「このたびは大変ご迷惑をおかけして、誠に申しわけございませんでした。心からお詫び申し上げます」

声が詰まり、それだけ言うのがやっとでした。

「顔をあげてください」

被害者の方、付き添ってらっしゃる家族の方が気づかってくださいました。しかし、私はそうしたかった。どうしてもそうしたかったのです。

「何かありましたら、ここに連絡してください。どんなことでも構いません」

自分の携帯電話の番号を記した紙をお渡しして、退出しました。

午後から記者会見に臨み、被害者の方々のケアに全力を尽くすこと、撮影中止と放送中止を発表しました。いろんな質問が飛びましたが、胸に刺さったのは「天国の裕次郎さんはどう思っているだろうか」と問われたことでした。

「石原裕次郎の名を汚すことのないように慎重に安全にと、社員にはいつも言ってきましたが、こういう結果になってしまいました」

そう答えながら無念の涙が込み上げてきました。「なるようにしかならない」――そういう人生観で生きてきた私ですが、それは自分の人生を引き受けるという意味においてであって、人様に迷惑をかけたり、つらい思いをさせた私は断腸の思いだったのです。

また同席したコマサも、

「十数年、このような撮影をやってきたが、一般の人を巻き込んでの事故を起こしたことはなかった。他人さまにケガをさせたら最後と思ってきた」

と事故翌日に早期決断を下した理由をそう説明した。

それから一年半が過ぎた平成十六年十月三十一日、すでに撮り終えていた「西部警察ＷＥＳＴＥＲＮ　ＰＯＬＩＣＥ　２００３」は、ケガが回復された被害者の方々の了承を得て再編集し、スペシャル版として放送されることになりました。

しかし、中止した「西部警察」新シリーズの再開はありませんでした――。

二十三回忌法要

曲折を経ながらも、「石原軍団」は前に向かって突き進んで行きました。ヨットは逆風であっても、ジグザクに転進することで風上に遡っていく。海が大好きだった裕次郎さんは、逆境ということに対して、そんな言い方をしたことがあります。

　平成二十一年、裕次郎さんの二十三回忌を迎えました。三十三回忌をもって「弔い上げ」としますから、ファンの方々に参列していただく法要は二十三回忌が最後になります。コマサの強い希望で、石原プロの総力をあげ、裕次郎さんの〝最後の法要〟にふさわしいものにすることにしました。

　コマサの提案で二十三回忌法要は国立競技場を借りて行うことになったのです。

　〝最後の法要〟にふさわしいものにするため、菩提寺である総持寺のご本堂を原寸大で国立競技場内に再現し、参列してくださった方々に献花していただくことにしました。

　メディアは前代未聞の法要として報じ、大きな話題になっていました。

　七月五日、法要当日。梅雨のさなかとあって天気が気になりましたが、前日の雨はあがって曇天から薄日が射して、やがて好天になり、裕次郎さんが大好きだった夏の暑さがやってきました。

　読経してくださる総持寺の僧侶百六十人が大型バス四台に分乗して会場入りし、裕次郎さんのヒット曲をメドレーで合唱する三百人のコーラス隊がスタンバイします。

　午前十時五分、法要が始まりました。特設された「裕次郎寺」の幅五十メートルの献花台で献花が始まりました。

徹夜で並んでくださったファン三百人を先頭に長い列が続きます。コマサによると、国立競技場に隣接する明治公園、青山門、さらに一キロメートル先の銀杏並木まで列は続いていました。

参列者総数は十一万六千八百六十二人。この模様は、テレビ朝日によって全国に生中継されました。

法要の終わりに、私は謝辞を述べた後、スタンドにいらっしゃるファンと一緒に天国の裕次郎さんに声を届けたいという思いが込み上げてきて、「裕ちゃーん」「裕ちゃーん」「裕ちゃーん」と三回叫び、その声は一体になって国立競技場の空にこだましていきました。隣でまき子夫人が満面に笑みを浮かべ、スタンドのファンの方たちへ手を振ってお礼を告げていました。

裕次郎さんが逝ってまる二十二年。

その年に生まれたお子さんはすでに成人になっています。それほどの歳月を経ながら、梅雨空のなかをこれだけの人が足を運び、偲んでくださる。

感謝と同時に裕次郎さんの偉大さにあらためて思いを馳せながら、中学生のころ淡路島の映画館で『狂った果実』を観て裕次郎ファンになった自分の遠い昔がフラッシュバックするのでした。

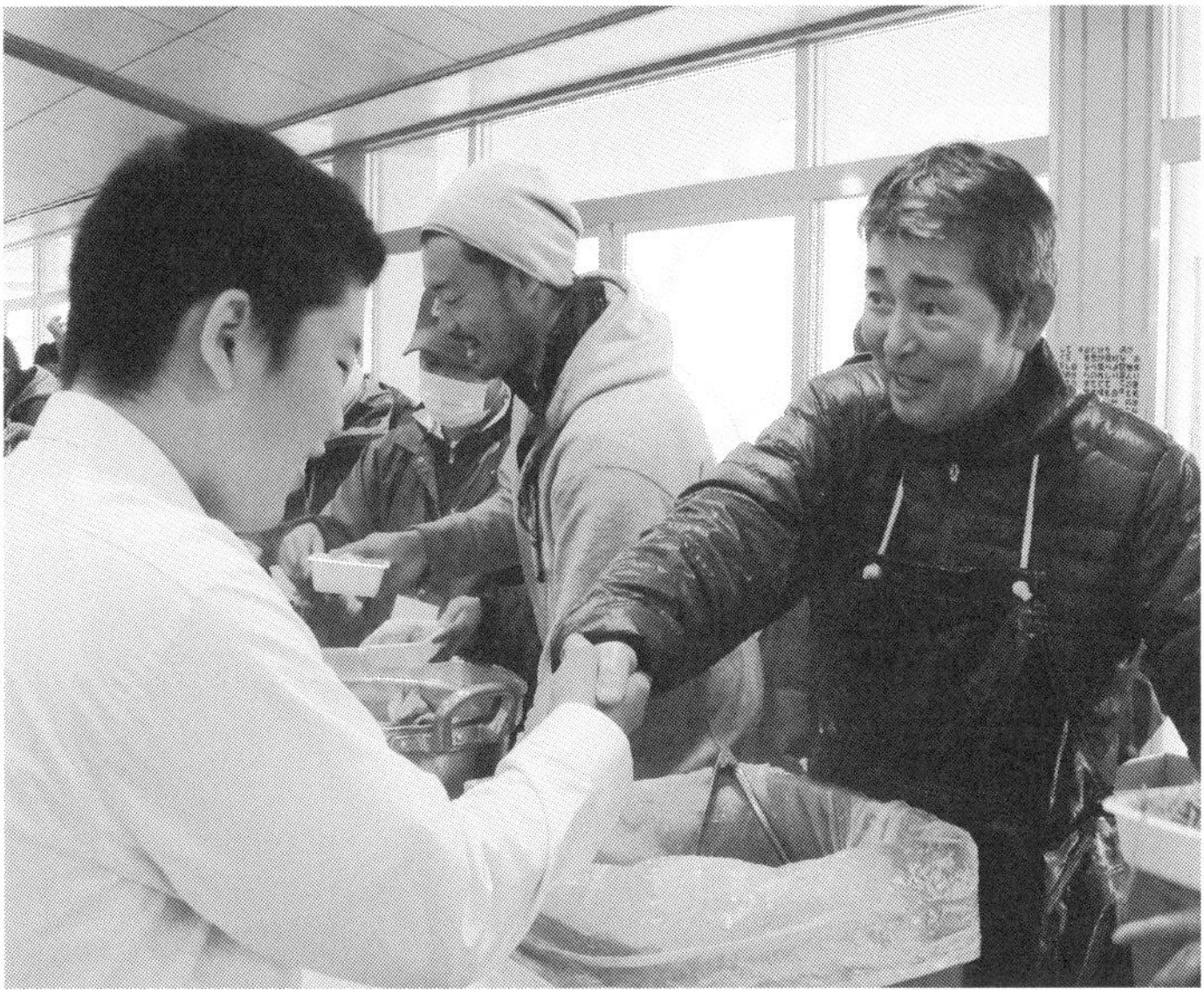

❖東日本大震災から1か月後の2011年4月19日、石巻市入りした石原プロは女川一中へ炊き出しで訪れた。

❖女川一中の生徒たちとの記念撮影。左から金児憲史、池田努、舘ひろし、渡哲也、神田正輝、宮下裕治。生徒たちから「カレーがとってもおいしかったです」とお礼の言葉を。

渡哲也社長勇退　小林正彦専務勇退

巨大地震と巨大津波、そして原子力発電所の事故という未曾有の「東日本大震災」が襲ったのは、平成二十三年三月十一日十四時四十六分のことです。

コマサと連絡を取り合って、すぐさま被災者支援の準備を始めました。炊き出しなど石原プロの被災者支援は、平成七年一月十七日に起こった阪神淡路大地震でノウハウがあります。

事態を見極め、一カ月後の四月十四日に被災地に入り、約一週間、宮城県石巻市や女川町などの避難所で炊き出しを行いました。石巻市の沿岸から陸地奥にかけての景色、また町が巨大津波に飲み込まれた女川町の景色は一面、色が無くなって灰色になっていました。言葉にならないくらい凄まじいものでしたが、それでも被災者の方々の表情は前向きで、日本人の不屈の底力を知りました。

夜は石巻の中央公民館で炊き出しスタッフたちと一緒に一週間ほど寝泊まりして過ごしました。四月の石巻市はまだとても寒く、寝袋に丸まって暖を取ろうとしましたが底冷えのため、何度も目が覚めました。被災した市民の皆さまも、同じように夜を過ごしていたのではないで

❖石原裕次郎がいて、渡哲也がいて、小林正彦がいて、石原プロモーションだった。漢《おとこ》たちの伝説は永遠だ——。

しょうか。

炊き出しの合間には、避難所の被災者のみなさんを前にハーモニカで「故郷」を吹いて励ましもしました。みなさんで一緒になって歌っていただき、私の方が感激してつい言葉を失ったりしました。


実は裕次郎さんの二十三回忌法要を行うことが決まった二年前、これを区切りとして石原プロ社長を辞することを考えていました。そして二十三回忌法要の翌年平成二十二年七月、裕次郎さんの命日を控えて私はまき子夫人をご自宅に訪ね、

「社長職を石原家にお返ししたい」

と申し上げました。

まき子夫人は驚かれましたが、私が先代の後を継がさせていただいてその年で二十四年。先代と同じ在職期間になります。

「先代の在職期間を超えて社長職を続けるわけにはいきません」

それが社長業を引き受けた当初からの私の考えでした。

そう胸のうちをお伝えすると、まき子夫人は小さくうなずかれました。何もかもわかっていらしたのです。

石原プロは先代が創業したものです。先代は亡くなる際に、「俺が死んだら会社を畳め」と、まき子夫人に言い遺しておられます。遺言です。しかし、石原プロの俳優、スタッフのみんなが会社を愛し、生き生きと働いている姿を見ると、遺言とはいえ、まき子夫人はとても口に出せなかったのです。

そんな経緯もあり、私が後をお預かりし、石原裕次郎の名を汚さないようにとそれだけを念じ、曲がりなりにも舵取りをしてきましたが、先代と同じ二十四年を務めたいま、石原プロは石原家にお返しすべきだと判断したのでした。

それに加えて私自身、健康面のこともあります。古稀という人生の節目でもあります。あと何年頑張れるかはともかく、一俳優にもどってみたいという思いもありました。

その考えをコマサにも伝え、二人で詰めて話し合い、退任することを発表したのです。こうした経緯があり、専務の小林正彦、そして神田正輝、舘ひろしら取締役五人が揃って退任。まき子夫人を代表取締役会長として経営の全権を委譲し、新体制が発足することになるのです。

裕次郎さんは五十二歳で亡くなりました。私はそれをはるかに超えて七十三歳まで生きています。鏡を覗けば、そこには齢相応の自分がいます。しかし、私の心に生き続ける裕次郎さんは五十二歳のままでいます。

裕次郎さん同様に私自身、何度も大病を患いました。振り返れば、激流を川上に向かって泳いでいくような半生です。これを私は若い頃から「人生はなるようにしかならない」と受け入れ、天命だと自分に言い聞かせてきました。

私の座右の銘に「則天去私」という言葉があります。「小さな私にとらわれず、身を天地自然にゆだねて生きていくこと」という意味です。文豪・夏目漱石の造語で、漱石は晩年、これをもって理想の境地・人生観としたそうです。

《則天》とは天地自然の法則——すなわち「天命」であり、《去私》はもじどおり「私心を捨て去る」ということから、「すべてを天命として従い、自分の都合や思いを捨て去り、敢然として生きていく」と私は読み取り、座右の銘としたのです。

私たちは、明日の命も知れず、今日を生きています。あと何年生きれるか、それは天のみぞ知ることです。

昨日を嘆かず、明日を思い煩わず、日々を「天命」として生きていく。そんな晩年でありたいと思うのです。

渡さんがまとめられた自伝は、体調不良のため
平成二十七年（二〇一五）三月で終わっています。

単行本化について石原プロから
同意をいただき出版の運びとなりました。
――ドラマはまだまだ続きます。
以下は石原プロと三十七年にわたって仕事の関係を続けた
青志社社長、阿蘇品蔵による付記と、
石原プロ浅野謙治郎専務による、敢然と生きた
渡哲也さんの「最後の日々」の様子です――。

付記

青志社社長
阿蘇品　蔵

渡哲也さんは社長を退任してからドラマ出演も控えるなど、表に顔を見せることが少なくなっていた。

渡さんの健康状態が懸念されたのは平成二十七年七月十七日のことである。

石原裕次郎の祥月命日にあたるこの日、二十九回目の法要が横浜・鶴見区の総持寺で営まれたが、渡さんが初めて欠席したのである。一度も休まずにお参りしていた命日の欠席。何事にも律儀な渡さんゆえ、考えられないことだった。ただ、渡さんの健康不安説が一部で囁かれていた。渡さんの身に何か起こったのではないか――。記者たちに緊張が走るのを察してか、舘ひろしさんが法要の後の記者会見で明かした。

「渡が先月、急性心筋梗塞になりまして、しばらく入院し、いまはリハビリに励んでおります」

そして、こうつけ加えた。

「下手したら死に至る状況だったようです」

渡さんが胸の痛みを訴え、マネージャーの運転する車で主治医のいる虎の門病院に行ったのは六月十日のことだった、と舘さんは経緯を話した。すぐに心電図などで検査したところ急性心筋梗塞と診断され、カテーテル導入の緊急手術を受けてそのまま入院。一カ月後の七月十一日に退院し、現在はリハビリに励んでいる――そう説明して、

「昨日も電話で本人と話しましたが、『妻にいじめられながらリハビリをしている』なんて話をしていましたよ」

と、笑いにまぶして元気な様子を語る。

「面会？　ご迷惑がかかるから行ってません。私が呼ばれるのは本当にマズいときか、本当に退屈しているかのどっちかですから」

舘さんらしいジョークを飛ばすのだった。

ことなきを得た渡さんは自宅で二～三カ月程度のリハビリを行う予定にしており、仕事復帰は未定と発表された。

その後、渡さんは呼吸疾患により公の席に姿を見せることが少なくなり、唯一宝酒造のＣＭの撮影でマスコミの前に姿を見せた。

平成二十八年には、熊本地震被災地で石原プロとジャニーズ事務所の合同炊き出しが行われ、渡さんに代わって舘ひろしさんがリーダーの大任を担い、木村拓哉さん、長瀬智也さん、岡田准一さんらと協力して市民を応援した。東京で炊き出しが気になっている渡さんのために舘さんは、毎日、報告の電話をかけた。

この年の十月三十日、石原プロの名番頭で渡さんと共に会社を支え発展させてきた、元専務の小林正彦さんが、虚血性心不全で急逝した。戦友の突然の訃報に渡さんは静かに喪に服し、冥福を祈った――。

一つの時代が終わった。

不幸は続き、翌平成二十九年三月十四日、実弟で人気俳優の渡瀬恒彦さんが胆嚢がんによる多臓器不全で亡くなった。

翌日、家族葬をすませた後の夕刻、渡さんは自宅前で記者に囲まれた。渡さんは、渡瀬恒彦さんが出演が決まっているテレビ朝日系『捜査一課９係　シーズン12』の台本を入院先の病室に持ち込んで、セリフをすべて暗記していたことや、前日までテレビ局の関係者と打ち合わせをしていた、ことなどを話し、

「無念だったと思います」

と目を潤ませ、言葉を詰まらせた。

渡さんはその翌日、各メディアに次のような自筆ファックスを送信した。

〈当初よりステージⅣ、余命一年の告知を受けておりましたので、今日の日が来る覚悟はしておりましたものの、弟を失いましたこの喪失感は何とも言葉になりません。幼児期より今日に到るまでの二人の生い立ちや、同じ俳優として過ごした日々が思い返され、その情景が断ち切れず、辛さがつのるばかりです　2017・3／16　渡哲也〉


〝幼児期から今日までの情景が断ち切れず――〟渡さんの弟、恒彦さんに対する思いは、この一語がすべてを物語っていた。

渡哲也さんに平成三（一九九一）年、直腸がんが見つかったとき人工肛門を拒否した渡さんを「助かる方法があるのに選択しないのは間違っている」と説得したのが弟の恒彦さんだった。

また兄弟で行った阪神淡路大震災の芦屋市の炊き出しでは、恒彦さんが大きな声を出して被災者を元気づけていたのを見ていた渡さんが、負けじとばかりそれ以上の大声を出していたのを記憶している。

弟、恒彦さんの死から五カ月余り経った八月三十一日、北海道小樽市にある石原裕次郎記念館が二千万人を超える来館者記録を残して閉館された。平成三（一九九一）年七月二十二日の開館から四半世紀。建物の老朽化に伴い、時代の移り変わりのなかで記念館としての使命を終えたという判断だった。

閉館セレモニーには会長の石原まき子さんをはじめ、舘ひろしさん、神田正輝さん、徳重聡さん、金児憲史さんら石原軍団が出席したが、渡哲也さんは健康上の問題で欠席した。

この年四月一日、渡さんは六年ぶりに再び石原まき子さんに請われ、石原プロ相談取締役として経営陣に復帰する。社長の役職は空席のまま、会長のまき子夫人を渡さんがサポートする新体制となった。

「石原プロの看板を、裕次郎さんの墓前に返すためにもう一度奮起したい」

この一念で承諾した。

社長も降りた。小樽記念館も閉じた。あとは令和元年七月の三十三回忌の「弔い上げ」を済ませて石原プロの看板を自分の手で仏前に返すのが役目であるとした。

そして、まき子夫人と、新任の石原プロ専務の浅野謙治郎さんと協議を重ね、令和三年一月十六日をもって石原プロの「看板」を石原裕次郎の仏前に返し、会社を解散し、マネジメント業務も三月で終了することを決めた。令和三年はまき子さんが米寿、渡さんが傘寿、そして舘ひろしさん、神田正輝さんが古希の年だ。しかも三月で役員の任期がちょうど満期の四年になる。

「ケジメとしてはこの時期をおいてないのではないか」

それが渡さんの思いだった。

こうした経緯があって、令和二年七月十五日、「代表取締役会長　石原まき子」名で、

〈株式会社石原プロモーションの商号を故石原裕次郎氏仏前に返還することに全員一致で決定致しました〉

という報告が関係者に送られ、石原プロモーションは五十八年間の幕を下ろすことを正式に発表したのだった。

悲願であった最後の大仕事を渡哲也さんは終えた。

それからわずか一カ月も満たない八月十日、午後六時三十分、肩の荷を降ろすかのように渡哲也さんは旅立ってしまった。

この日、渡さんは風となった――。

八月十八日、石原プロモーション、親族一同の連盟で、関係各所に書面を通じて渡さんの死去を報告した。

〈晩夏の候　皆様お変わりなくお過ごしのことと存じます
株式会社　石原プロモーション　取締相談役　渡　哲也儀
長きにわたり病との闘いの末　去る八月十日　肺炎の為　七十九歳をもって他界いたしました
静かに送ってほしいとの故人の強い希望により　葬儀は八月十四日
近親者のみにて滞りなく相済ませました
生前　皆様方には親しくお付き合いいただき　またお世話になりまして
誠にありがとうございました　心より御礼申し上げます
尚　勝手ながらご香典　お供物　ご弔電　ご供花などの儀は故人の遺志により
固くご辞退申し上げます

令和二年八月
株式会社　石原プロモーション親族一同〉

渡哲也さんは、東京目黒区にある菩提寺で永遠の眠りについた――。

特別寄稿

側近が語った「渡哲也さん最後の日々」

石原プロモーション専務
浅野謙治郎

渡さんと最後に話をしたのは、亡くなる三日前の電話でした。

知人の俳優さんの奥さんがお亡くなりになった件で、渡さんから電話があり、故人への弔花を頼まれたのです。

「お願いしていいかい」ということで、お花を手配しましたが、他に「みんなはどうしてる、元気かい、やっぱりテレワークか」など普段の会話で、五、六分くらい話しましたが、とても元気で、コロナ禍の話題なども話していました。

普段の渡さんの姿でした。

そのわずか二日後に亡くなられたわけですから、所属俳優や社員を含め、みんなの落胆は計り知れませんでした。

私は石原プロでは「西部警察」「ゴリラ 警視庁捜査第8班」をはじめ、製作プロデューサーとして長い間製作畑を担当させていただきました。また、小樽の「石原裕次郎記念館」の館長も務めてまいりました。記念館閉館とともに東京に戻り、平成二十九（二〇一七）年九月から渡さんの下で石原プロの会社運営に参加させていただき、今日に至っています。

渡さんは社長を退任した平成二十三年（二〇一一）から六年後の平成二十九年四月、相談取締役で復帰しました。新体制のなか、私は石原まき子会長と渡さんのお手伝い役として仕えさせていただいたのです。

一カ月に二度ほど、大田区久が原のご自宅へ伺い、社内の業務報告と今後の会社方針などのアドバイスなどを求めて通っていました。

渡さんは、私が報告で伺うと、体調が悪くても、わざわざ階下まで降りてきて待っていてくれたり、笑顔で迎えてくれたりしました。

去年の初めなどは、コロナ禍もあり、外出をひかえていたため、私が伺って、世間話をするのを楽しみに待っていらしたようです。

大体一時間半くらいほどでしょうか、いろいろ話をして帰ってきました。

渡さんからは、

「報告なんていいから、いつでも来いよ。外に出ないから、話し相手が欲しいんだ」なんておっしゃっていただき、私の来訪を少しばかり楽しみにしていただいたようです。

そんな感じで最後の最後まで付き添えた私は幸せでした。他の社員も皆そうしたかったでしょうから、私だけそうさせてもらって申しわけないと思います。その分、渡さんへの思いが余計につのり、たまりません。

渡さんは最後まで会社、石原プロのことを心配していました。

「いい形で石原プロの幕を降ろしたい」

近年、ずっとそう思い続けていました。

「自分で起業した会社ならば自分で始末をつければいいのだが、裕次郎さんが起こした会社を自分勝手につぶすという形では申しわけない。だが、こうして自分の身体が思うようにならないなかで続けていくことは逆に裕次郎さんの名前を傷つける形になったりしないか」

とずっと葛藤があったとおっしゃっていました。

会社の将来については、三年くらい前から渡さんと石原まき子会長との間で話し合いが始まり、時間をかけてずいぶん話し合いを重ねました。

石原まき子会長も、裕次郎さんから「俺が死んだら会社を畳めよ」と言われていたものの、いざ解散の話となると、相当の葛藤があったと、心中をお察しします。渡さんの説得に「わかりました」という言葉で決断するまでは本当に悩み、苦しかったと思います。

石原まき子会長の決断によって、令和二年（二〇二〇）七月十五日、裕次郎さんの命日前に石原プロ解散の発表となったのです。

久が原のご自宅に伺って（少し、今日は身体の調子が良くないんじゃないかな）と思ったときも、渡さんは決して苛立ったり、疲れた様子をいっさい見せることはありませんでした。それでも、時間の経過の中で、言葉が少なくなってくると、（渡さん、疲れてこられたな）と、気をきかし、「そろそろ失礼します」と座を立ったものです。

いつも、俳優たちのこと、社員のことを心配して、別れ際に必ず、

「みんなには元気だ、と伝えてほしい」

とおっしゃられていました。

渡さんは自分のことを「こうしたい、ああしたい」と口に出していっさい言う人ではありませんでした。

唯一口にしたのは、自分自身の〝仕舞い方〟でした。そしていかなる運命でも敢然と受け入

れることを決めていました。

すでに覚悟ができていたのでしょうか。

渡さんは俊子夫人にこう伝えました。

「自分の訃報は、葬儀などのすべてが終わるまで、誰にも知らせるな。そして必ず、家族葬で済ませ」と遺言したと聞きました。

俊子夫人と私たちは、この遺言を守りました。

八月十四日、渋谷区西原にある代々幡斎場で渡さんは荼毘に付され、お別れは「家族葬で」という渡さんの遺言に沿って参列者は渡さんの近親者のみで行われました。会社からは、私と、役員数名で出席させていただき、法要のお手伝いをいたしました。出席できなかった舘さん、神田さんは残念だったでしょうが、故人の遺言を尊重してくれました。

白いお骨に対面したとき、

「もう二度と渡さんには会えないんだ」

と、実感がわき、心の中で泣いてしまいました。

法名は「萬修院泰然自道居士《まんしゅういんたいぜんじどうこじ》」。

二十年前の平成十二（二〇〇〇）年二月二十九日、故郷の兵庫県淡路市の高雄山観音寺で授かったものです。

「人間として一番大切なことは嘘をついてはいけないことだよ」

まじめに生きることがいかに大切かを社員や俳優たちに説き、自らを律して生きた渡哲也さん。裏芝居をするのを苦手とした渡さんらしいこの言葉を胸に、もう少し歩んでまいります。

渡さん、ありがとうございました。安らかに……。

令和三年三月十日

渡哲也

わたり　てつや

一九四一（昭和十六）年、島根県生まれ。六歳のとき父賢治の故郷兵庫県淡路島へ転居。

一九六五（昭和四十）年、青山学院大学経済学部卒業後、『あばれ騎士道』でデビュー。

一九六六（昭和四十一）年、『愛と死の記録』で第十七回ブルーリボン賞新人賞受賞。以後日活トップスターとして活躍。

一九七二（昭和四十七）年、石原プロモーション入社。

一九七三（昭和四十八）年、『くちなしの花』で全日本有線放送大賞　金賞受賞。

一九七六（昭和五十一）年、『やくざの墓場　くちなしの花』でブルーリボン主演男優賞を受賞後、数々の映画賞を受賞。

またテレビ界にも進出。刑事ドラマ「大都会」シリーズや「西部警察」シリーズが大ヒット。

一九八七（昭和六十二）年、石原裕次郎亡きあと石原プロモーション代表取締役社長に就任。

一九八一（昭和五十六）年、石原プロモーション取締役副社長に就任。

二〇〇五（平成十七）年、紫綬褒章を受章。

二〇一一（平成二十三）年、石原プロモーション代表取締役社長を退任。

二〇一三（平成二十五）年、旭日小綬章を受章。

二〇一七（平成二十九）年、石原プロモーション取締役・相談役就任。

二〇二〇（令和二）年、八月十日逝去。享年七十八歳・生涯の出演映画88作品。


［写真提供・編集協力］㈱石原プロモーション

流れゆくままに

二〇二一年三月三十一日　第一刷発行
二〇二一年四月十四日　第三刷発行

著者――渡哲也
編集人　発行人――阿蘇品 蔵
発行所――株式会社青志社
〒一〇七―〇〇五二　東京都港区赤坂5―5―9　赤坂スバルビル6階
(編集・営業)
TEL：〇三―五五七四―八五一一　FAX：〇三―五五七四―八五一二
http://www.seishisha.co.jp/

本文組版――株式会社キャップス
印刷・製本――中央精版印刷株式会社

ISBN 978-4-86590-114-6 C0095